Petra Krämer

Erfolgreiche Führung - oder welche Rolle Resilienz dabei spielt

Petra Krämer

Erfolgreiche Führung - oder welche Rolle Resilienz dabei spielt

Gute Führung führt zu Motivation und Motivation bringt Erfolg

Trainerverlag

Impressum / Imprint
Bibliografische Information der Deutschen Nationalbibliothek: Die Deutsche Nationalbibliothek verzeichnet diese Publikation in der Deutschen Nationalbibliografie; detaillierte bibliografische Daten sind im Internet über http://dnb.d-nb.de abrufbar.

Bibliographic information published by the Deutsche Nationalbibliothek: The Deutsche Nationalbibliothek lists this publication in the Deutsche Nationalbibliografie; detailed bibliographic data are available in the Internet at http://dnb.d-nb.de.

Coverbild / Cover image: www.ingimage.com

Verlag / Publisher:
Der Trainerverlag
ist ein Imprint der / is a trademark of
OmniScriptum GmbH & Co. KG
Heinrich-Böcking-Str. 6-8, 66121 Saarbrücken, Deutschland / Germany
Email: info@verlag-trainer.de

Herstellung: siehe letzte Seite /
Printed at: see last page
ISBN: 978-3-8417-5950-4

Inhalt

I. Hintergründe

1. Warum ist das Thema für Führungskräfte wichtig?

Ziele erreichen, dabei locker und gelassen bleiben, das sollte ein Motto für heutige Führungskräfte sein.

Resilienz trägt entscheidend dazu bei, unabhängig von den äußeren Umständen und Gegebenheiten

- ein überwiegend selbst bestimmtes Leben zu führen,
- die eigene Authentizität und innere Balance zu finden,
- gesund zu bleiben oder zu werden sowie
- tolerant und achtsam mit sich selbst und anderen umzugehen.

Von Meeting zu Meeting hetzen, kaum konzentriert arbeiten können, dann noch Personalumstellung, Konfliktmanagement, Strategiearbeit, Veränderungsprozesse begleiten, Vorgaben erfüllen und vieles, vieles mehr –

so sieht vielfach die Arbeit einer Führungskraft aus. Das gesamte Umfeld ist ständig im Wandel begriffen und will gehändelt werden. Das verunsichert nicht nur die Führungskraft selbst, sondern irritiert auch solche Mitarbeiter, die mit der Erreichbarkeit des Chefs und den Veränderungen nicht so leicht zurechtkommen. Veränderungen im Unternehmen, und sind sie auch noch so klein, sind für viele Menschen beunruhigend. Damit werden häufig Komfortzonen und stabile bekannte Verhältnisse der Mitarbeiter und auch der Vorgesetzten verlassen, so dass die Anstrengungsbereitschaft, die Souveränität und das Selbstbewusstsein der Mitarbeiter sinken.

Damit diese Situationen sowohl von der Führungskraft als auch vom Mitarbeiter gut durchstanden werden kann, braucht es innere Stärke und Gesundheit. Für diese innere Stärke sorgt die Resilienz.

Die Resilienzforschung bietet Ansätze dafür, welche Verhaltens- und Denkstrategien Menschen beim Aufbau von mehr Widerstandskraft im Leben und Berufsleben unterstützen können.
Jeder Mensch durchlebt in seinem Leben positive und negative Zeiten. Aber warum gehen manche Menschen gestärkt aus einer schwierigen Situation oder Krise hervor, und warum zerbrechen andere daran?
Zu diesem Thema bietet die Resilienzforschung interessante Antworten. Sie untersucht, warum es einigen Menschen, aber auch Teams und Unternehmen gelingt, mit großen Belastungen und wirtschaftlichen Unsicherheiten angemessen umzugehen und dabei psychisch und physisch gesund zu bleiben.

In unsicheren und turbulenten Zeiten sind die Gewinner diejenigen, die gelernt haben, mit Krisen umzugehen.
In der Literatur werden sie u. a. „Stehaufmännchen“ genannt, d. h. man bezeichnet damit jene, die sich nicht unterkriegen lassen. Es sind Menschen, die auch bei Schwierigkeiten nicht gleich aufgeben und die, auch wenn der schlimmste Fall eingetreten ist, immer noch hoffnungsvoll und optimistisch bleiben.

Nicht auf den Wind, sondern wie man die Segel setzt, darauf kommt es an.
Unbekannt

In diesem Sinne: Setzen Sie die Segel richtig, denn am Wind können sie nichts ändern.

Resilienz ist kein angeborenes Verhalten und kann in jedem Alter erlernt und gefördert werden.

2. Was genau ist resilientes Verhalten?

Resilienz ist ein Schutzfaktor
Als Schutzfaktor bezeichnet man einen umgebungsbezogenen Faktor, der die psychischen Auswirkungen von belastenden Umweltbedingungen oder anderen risikoerhöhenden Faktoren auf einen Menschen abpuffert.

Es ist ein Verhalten, welches folgende Merkmale aufweist:

- auch bei Schwierigkeiten nicht gleich aufgeben und nach Wegen und Lösungen suchen,
- auch im schlimmsten Fall immer noch hoffnungsvoll und optimistisch denken, ohne sich eine Situation schönzureden,
- an sich und andere glauben,
- nach Lösungen suchen, statt sich auf die Probleme zu fokussieren,
- unveränderbare Dinge identifizieren und akzeptieren,
- aus Fehlern lernen wollen und Fehler auch als Lernquelle auffassen,
- den Mut haben, neue Wege zu beschreiten.

In den letzten 40 Jahren hat die Resilienzforschung in Langzeitstudien analysiert, dass etwa ein Drittel der Menschen die Eigenschaften zum sogenannten „Stehaufmännchen" besitzt. Bereits im Kindesalter oder auch später im Alter gelingt es solchen Menschen, aus Krisen oder schwierigen Lebenssituationen zu lernen und sogar gefestigt aus ihnen hervorzutreten.

Diese Fähigkeit macht Menschen zu resilienten Menschen. Eigentlich sollte sie jede Führungskraft in sich tragen, um diese auch in Mitarbeitern zu entdecken oder zu entwickeln. Das stärkt dann die Mitarbeiter und damit auch das Unternehmen.

Wenn man die oben genannten Merkmale auf den Kontext von Unternehmensführung/Mitarbeiterführung überträgt, können sie weiter spezifiziert werden und somit folgende Führungsverhaltensweisen identifiziert werden:

- Auch bei Schwierigkeiten nicht gleich aufgeben und nach Wegen und Lösungen suchen
  Das kann im Führungskontext heißen:
  Nicht gleich bei neuen Zielen (z. B. erhöhte Umsatzzahlen, neue Einsparungen) oder in unangenehmen Situationen (z. B. Personalabbau, Umstrukturierung) den Kopf in den Sand stecken, sondern die Herausforderung ohne Angst und zu viel hemmenden Stress annehmen und somit den Kopf frei haben für wirklich gute neue Lösungen und Ideen.
- Auch in schlimmen Fällen noch hoffnungsvoll und optimistisch zu denken, ohne sich eine Situation schönzureden oder durch die rosarote Brille zu sehen.
  Im Führungskontext kann das bedeuten:
  Beispiel: Im Unternehmen soll es zahlreiche Entlassungen geben. Sie reden sich die Situation nicht schön und stecken auch nicht den Kopf in den Sand, sondern Sie suchen nach Lösungen und Wegen, wie die einzelnen Situationen (z. B. die Entlassung) erträglich oder sogar zum Vorteil gestaltet werden kann. Sie stellen ggf. zwei oder drei Szenarien auf: ein Worst Case-Szenario mit Handlungsoptionen, ein Best-Case-Szenario mit Handlungsoptionen und vielleicht fallen Ihnen auch noch andere Szenarien ein.
- An sich und andere glauben
  Im Führungskontext hieße das:
  Die Führungskraft sollte auch auf die Kompetenz der Mitarbeiter vertrauen und ihnen das auch zeigen. Schenken Sie anderen Vertrauen. Das ist eine Führungsqualität, die sich in jeder Hinsicht auszahlt. Argwohn, Misstrauen und der daraus resultierende Kontrolldruck zerstören Loyalität und verursachen immense Kosten.
  Nach Lösungen suchen, statt auf die Probleme zu schauen

Hierzu ein treffendes Zitat:

„Probleme kann man niemals mit derselben Denkweise lösen, durch die sie entstanden sind.“ (Albert Einstein)

Das soll ermutigen, Denkmuster zu ändern und neue Denkweisen auszuprobieren.

- Der Mut, neue Wege zu beschreiten
  Lernen Sie Methoden wie SWOT oder Kreativitätsmethoden, um auf neue Denkansätze zu kommen.
- Unveränderbare Dinge nicht ändern wollen, sondern akzeptieren
  Die Akzeptanz des Unvermeidbaren – z. B. des begrenzten eigenen Einflusses auf das Verhalten anderer Personen und somit der Mitarbeiter. Das heißt: Verschwenden Sie keine Energie in einem Kampf gegen das, was sich ohnehin nicht verändern lässt. Versuchen Sie aber vorher genau zu prüfen, ob die Situation oder das Problem wirklich nicht zu ändern ist.
- Aus Fehlern lernen wollen und Fehler auch als Lernquelle auffassen
  Lernen Sie aus Fehlern. Sie sollten sich nicht zu schade sein, Feedback einzuholen, dazuzulernen und sich laufend zu verbessern. In der dynamischen Wirtschaftswelt ist Stillstand gleich Rückschritt. Bedanken Sie sich für konstruktive Kritik, auch das schafft Vertrauen.

3. Wo liegt der Zusammenhang zwischen Mitarbeitermotivation und Führungskraft?

Die meisten Führungskräfte machen zwar das, was sie tun, in den meisten Fällen richtig, doch ist die Auswahl der Themen oder Schwerpunkte, die sie setzen, oft nicht die richtige.

Damit ist gemeint, dass Führungskräfte ihre Entscheidungen, gemessen an den Zielvorgaben, Arbeitsanweisungen, Richtlinien und Ablaufplänen, zwar richtig getroffen, dabei aber den wichtigsten Faktor, nämlich den Faktor Mensch, ausgeblendet haben bzw. vernachlässigen oder auch: zu wenig berücksichtigen.

Führung beschränkt sich also nicht nur auf die Umsetzung von Anweisungen des Unternehmens. Führung bedeutet vor allem, mit Menschen gut und angemessen umgehen zu können.

Was muss eine Führungskraft tun, um Mitarbeiter zu motivieren und die Arbeitszufriedenheit zu erhalten? Wie kann sie das auch noch mit eigenen Vorstellungen und Werten zusammenbringen?

Diese Fragen lassen sich durch neue Erkenntnisse aus der Gehirnforschung beantworten. Daran wird auch deutlich, welchen Zusammenhang es zwischen den Führungskräften und der Motivation der Mitarbeiter gibt. Hierbei sind vor allem vier Systeme des menschlichen Gehirns näher zu betrachten.

Diese vier Systeme sind:

- das Belohnungssystem,
- das Emotionssystem,
- das Erinnerungssystem und
- das Entscheidungssystem.

Grundsätzlich geht man in der Gehirnforschung davon aus, dass kein Gehirn einem anderen völlig gleicht.

In jedem Gehirn sind die Verbindungen zwischen den Zellen (das Zusammenspiel der Synapsen und Botenstoffe) anders angelegt und sind das Ergebnis aus genetischer Veranlagung, vorgeburtlicher und frühnachgeburtlicher Prägung, sozialen und kulturellen Einflüssen und letztendlich auch das Ergebnis aus den Erfahrungen und Erlebnissen des betreffenden Individuums.

Die Persönlichkeit eines Menschen ist daher neurowissenschaftlich gesehen das Spiegelbild von dessen neuronalem Netzwerk.
Dies ist auch der Grund dafür, dass jede Handlung, jede Entscheidung, jede Aussage und jede Emotion das Ergebnis dieses individuellen Netzwerkes ist.

Deshalb lautet ein Gebot für Führungskräfte: die Einzigartigkeit jedes Mitarbeiters akzeptieren sowie die individuellen Potentiale entdecken, fördern und ausbauen.

Ein weiteres Gebot für Führungskräfte, um Mitarbeiter zu motivieren, ist, dass sie ihrer Rolle als Vorbild (im beruflichen Umfeld) gerecht werden.

Im Berufsalltag sind es vor allem die Führungskräfte, von denen die Mitarbeiter am schnellsten und effektivsten lernen können – und zwar im Positiven wie im Negativen.

Wenn es Ihnen als Führungskraft also darum geht, neue Erkenntnisse zu vermitteln, das Verhalten von Mitarbeitern zu ändern oder bei diesen die Bereitschaft zu entwickeln, neue Wege zu gehen, dann ist Ihre Vorbildfunktion gefragt und auch eine wichtige Voraussetzung dafür. Sie müssen das vorleben, was sie von den Mitarbeitern erwarten. Wenn Sie möchten, dass die Mitarbeiter in den Besprechungen keine Handys benutzen, dann dürfen Sie das auch nicht. Es wird immer Gründe geben, die sie vorschieben können, um hier doch eine Ausnahme zu machen, doch wird das Ihre Mitarbeiter nicht dazu motivieren, es bleiben zu lassen.

Kommen wir nun zurück auf die vier Systeme, deren Funktionsweise Sie als Führungskraft verstehen sollten, damit Sie ihre Mitarbeiter und sich selbst erfolgreich leiten können.

Mit dem Belohnungssystem ist nicht gemeint, äußere Belohnungen (wie Geschenke oder ähnliches) einzuführen, sondern das Gehirn zu Ausschüttung von Belohnungsfaktoren zu bewegen.

Wie funktioniert das?

Verspricht ein Gedanke an etwas, lustvoll und angenehm zu werden (ein schönes Essen oder eine tolle Begegnung etc.), wird im Areal des Mittelhirns der Botenstoff Dopamin ausgeschüttet. Durch diese Ausschüttung entsteht ein Gefühl der Glückserwartung. Dopamin ist so etwas wie ein Vorfreudehormon.

Versuchen Sie den Mitarbeitern also das Gefühl zu vermitteln, dass das, was als Ergebnis einer Handlung passiert, etwas sehr Angenehmes sein wird. Machen Sie Lust auf den Erfolg.

Wenn das Versprochene dann tatsächlich eintritt, wird Serotonin ausgeschüttet, das uns glücklich und zufrieden macht.

Als Belohnungssysteme in Unternehmen werden u. a. Geschenke, Incentives oder Ähnliches eingesetzt.

Wenn diese Belohnungen stets mit einer festen wiederkehrenden Zielerreichung zu tun haben und sie damit vorhersehbar werden, verpufft die Wirkung ganz schnell und es kommt zu folgendem Effekt: Der Mitarbeiter erwartet beim nächsten Mal mehr davon.

Oft wird auch die Wirkung von teuren oder wertvollen Belohnungen überschätzt und die Wirkung von kleineren und kostengünstigeren Belohnungen unterschätzt.

Ein nettes Wort oder ein sympathisches Lächeln können das Belohnungssystem im Gehirn genauso aktivieren wie kleine Überraschungen oder eine unerwartete Anerkennung.
Dass dies so ist, konnte inzwischen in zahlreichen Experimenten und unter Einsatz bildgebender Verfahren nachgewiesen werden.

Auch sind die Sprache und die Ansprache einer Führungskraft und damit die eigene Einstellung zur Arbeit und den Aufgaben von enormer Bedeutung. Hierzu gab es eine Studie, deren Ergebnisse ich kurz zusammenfassen möchte.

In einer Gruppe von Mitarbeitern gab man der einen Hälfte die Aufgabe, Texte mit negativen Begriffen wie z. B. Misserfolg, Unglück oder Trauer für sich still zu lesen. Die andere Hälfte der Mitarbeiter hingegen bekam einen Text mit Begriffen wie Erfolg, Glück oder Freude zu lesen.

Anschließend forderte man beide Gruppen auf, das Gebäude durch das Treppenhaus zu verlassen.

Es ist wohl nicht schwer zu erraten, welche Gruppe schneller war. Die Gruppe mit den positiven Begriffen verließ das Gebäude wesentlich schneller und dynamischer als die andere Gruppe.

Es ist also wichtig, für die Motivation der Mitarbeiter, ein gutes Vorbild zu sein und auch entsprechend positiv zu reden und zu handeln. **Das heißt aber auch, dass eine Führungskraft sich selbst mögen, sowie ausgeglichen und authentisch sein muss.**

Das zweite System, das für die Motivation der Mitarbeiter wichtig ist, ist das Emotionssystem.

Aus Sicht der Gehirnforschung sind Emotionen chemische Prozesse des Nervensystems, also Hirnfunktionen, die wir dann z. B. als Wut, Angst, Freude oder Trauer empfinden. Für uns Menschen sind sie aber weit mehr.

Es ist nachgewiesen, dass es zu einer vermehrten Ausschüttung des Stresshormons Cortisol kommt, wenn wir Angst haben, oder zu einer vermehrten Ausschüttung von Dopamin, wenn wir Freude erleben.

Was kann das jetzt für die Praxis heißen?
Menschen, die an ihrem Arbeitsplatz oft in Situationen gebracht werden, in denen sie z. B das Gerechtigkeitsgefühl unterdrücken müssen oder dieses zumindest nicht befriedigt wird, werden über kurz oder lang Reaktionen entwickeln, wie sie in Situationen der Hilflosigkeit üblich sind. Das bedeutet,

diese Menschen werden früher oder später aggressive und/oder ängstliche Reaktionen zeigen. Sie fühlen sich als Opfer des Systems und des Umfeldes.

Der Gehirnforscher Joachim Bauer sagte einmal:

„Nichts stimuliert uns so sehr wie der Wunsch, von anderen gesehen zu werden, die Aussicht auf soziale Anerkennung, das Erleben positiver Zuwendung und die Erfahrung von Liebe. Kern aller Motivation ist es also aus neurobiologischer Sicht, zwischenmenschliche Anerkennung, Wertschätzung und Zuwendung zu finden oder zu geben."

Das bedeutet für die Führungskraft, dass sie in der Lage sein muss, diese Anerkennung zu geben und auch im Team zu fördern. Dies ist nur dann von Erfolg gekrönt, wenn die Führungskraft mit sich und der Umwelt zufrieden ist und dies wie selbstverständlich anderen vermitteln kann. Auch diesen Punkt der Anerkennung muss eine Führungskraft entweder selbst erlebt haben oder sich immer wieder bewusst machen.

Für die Führungskraft bedeutet das, dass sie einen Einfluss darauf hat, welche Botenstoffe im Gehirn freigesetzt werden, und das Emotionssystem damit beeinflussen. Die drei wichtigen Stoffe in diesem Zusammenhang wären:

1. Dopamin
2. Opioide
3. Oxytocin

Wie wir bereits erfahren haben, sitzen die biologischen Antriebsaggregate sehr zentral im Mittelhirn und stehen mit vielen anderen Arealen des Gehirns in Verbindung.

Dopamin erzeugt in uns ein Gefühl des Wohlbefindens und versetzt uns in einen Zustand von Konzentration und Handlungsbereitschaft.

„Ich will etwas tun!"

Opioide wirken positiv auf das Ich-Gefühl, die emotionale Stimmung und die Lebensfreude.

„Es macht Spaß, etwas zu tun!"

Oxytocin ist eine Art Bindungsstoff, in Fachkreisen auch Sozialkleber genannt, und ist sowohl Ursache als auch Wirkung von Bindungserfahrungen. So konnte z. B. nachgewiesen werden, dass Menschen infolge einer geschäftlichen Transaktion, bei der ihnen Vertrauen entgegengebracht wurde, erhöhte Oxytocin-Werte aufweisen.

„Ich setze mich für die ein, die mich mögen!"

Sie als Führungskraft können alle drei Botenstoffe fördern, indem Sie ein gutes Teamklima und eine vertrauensvolle Umgebung schaffen.

Wer Mitarbeiter nachhaltig führen und motivieren will, sollte ihnen die Möglichkeit geben, mit anderen zu kooperieren und Beziehungen zu gestalten sowie Netzwerke aufzubauen und auch zu pflegen.

Es gibt noch einen spannenden Nebeneffekt der drei Botenstoffe: Dopamin sorgt für Konzentration und mentale Energie, Opioide und Oxytocin reduzieren Stress und Angst. Das alles fördert somit gleichzeitig unsere Resilienzfaktoren.

Nun zum dritten System, das zu einer erhöhten Motivation und Leistung von Mitarbeitern beiträgt: das Erinnerungssystem.

Wir wissen heute durch die Forschung Folgendes: Wir erinnern uns an alles, was für uns von Bedeutung ist. Mit anderen Worten: Unsere Erinnerung wird von durch das Belohnungssystem und das Emotionssystem gesteuert. Die Hirnforschung hat auch erkannt, dass Emotionen um ein vielfaches schneller aus dem Bereich der Erinnerung transportiert werden als rationale Kenntnisse. Fühlten sich Mitarbeiter in der Kommunikation emotional verletzt, überlagerte dies in der Erinnerung oft ein objektives Erfolgserlebnis und bekam in der Bewertung mehr Gewicht. Und genauso umgekehrt. In einem positiven Klima verlieren unangenehme Dinge ihren Schrecken.

Wie inzwischen in der Forschung bekannt ist, werden Erinnerungen und Erwartungen in denselben Hirnregionen erzeugt. Das heißt, dass Erwartungen auf Erinnerungen aufbauen.

Wenn also Mitarbeiter z. B. die Erfahrung gemacht haben, dass versprochene Zusagen nicht eingehalten werden, werden sie, wenn künftig Zusagen gemacht werden, erwarten, dass sie nicht eingehalten werden

Diese Erkenntnis also, wie schnell gegenwärtige Aussagen mit vergangenen Erfahrungen verknüpft werden, und welche fatalen Folgen es für die Führungskräfte haben kann, leichtfertig Versprechungen oder Zusagen zu machen.

In der Praxis ist darauf zu achten, dass Sie Fehler zugeben und danach die Folgen versuchen abzufangen oder zu mildern, um den Vertrauensschaden zu reparieren. Eine Entschuldigung ist das Mindeste, was Sie tun können, besser wäre noch auch eine Erklärung dazu zu geben, wie es zu dieser Fehleinschätzung gekommen ist. Diese Transparenz schafft Vertrauen bei den Mitarbeitern.

Vielleicht haben auch Sie schon die Erfahrung gemacht, dass es bei Veränderungsprozessen oft schwierig ist, neue Prozesse oder Arbeitsweisen zu akzeptieren bzw. anderen zu vermitteln und das bisherige über Bord zu werfen. Der Grund hierfür liegt auch im Gehirn und im Erinnerungssystem. Da es für wirklich Neues keine Erinnerungen gibt, kann das System nicht mit positiven oder negativen Erfahrungen abgeglichen werden, was wiederum Angst und Unsicherheit auslösen kann.

Es ist also wichtig, das Neue mit etwas Vertrautem und schon Erlebten zu verbinden und somit positive Gefühle hervorzurufen.

Nun noch zu dem vierten System, dem Entscheidungssystem.

Das Entscheidungssystem liegt im vorderen Bereich unseres Gehirns. Hier laufen alle Informationen aus dem Belohnungssystem, dem Emotionssystem und dem Erinnerungssystem zusammen.

Gleichzeitig liegen im vorderen Bereich des Gehirns unserer sozialen Normen und Werte. Bei Entscheidungen werden also auch die sozialen Normen und Werte mit herangezogen. Es handelt sich also um ein komplexes System, das unsere Pläne und Strategien beeinflusst.

Mit diesen Ausführungen wird vielleicht klar, dass die Führungskraft einen großen Einfluss auf die Motivation von Mitarbeitern hat, aber auch erst einmal mit sich und seiner Situation im Reinen sein sollte, um als Vorbild fungieren zu können.

II. Eigene Resilienz stärken

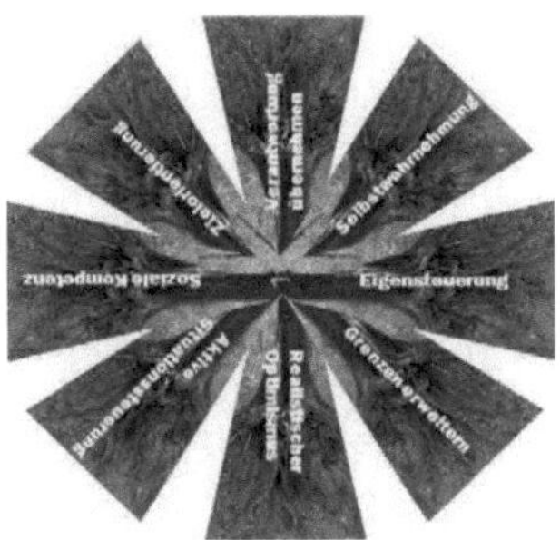

1. Wie kann ich meine eigene Resilienz stärken?

Auf der individuellen Ebene besitzen resiliente Personen die Fähigkeit, Möglichkeiten dort zu ergreifen, wo sie sich bieten. Doch dort, wo sich keine Möglichkeiten bieten, sind selbst resiliente Personen machtlos. *Elder* (Glen Holl Elder, Jr.-Professor für Soziologie und Psychologie) warnt:

> *[...] not even great talent and industry can ensure life success over adversity without opportunity (dt.: nicht einmal großes Talent und Fleiß gewährleisten, dass man Widrigkeiten überwindet, wenn die Gelegenheit fehlt).*

Resilienz ist nicht DIE eine Methode, sondern umfasst ein System, dem sich viele Therapie- und Beratungsmethoden zuordnen lassen und in dem sie sich wiederfinden.

Dies ist auch auf die Entstehungszeit der Resilienzforschung zwischen 1955 und 1995 zurückzuführen. In diesem Zeitraum fand ein Paradigmenwechsel in Therapie und Medizin statt, der bis heute anhält.

Meiner Auffassung nach besteht resilientes Verhalten aus insgesamt 8 Faktoren, die ich gerne auch „Flügel" nenne.

Diese 8 Flügel sind:

1. Selbstwahrnehmung,
2. Eigensteuerung,
3. Grenzen erweitern,
4. Realistischer Optimismus,
5. Aktive Situationssteuerung,
6. Soziale Kompetenz,
7. Zielorientierung und
8. Verantwortung übernehmen.

Um auf die Eingangsfrage zurückzukommen „Wie kann ich meine eigene Resilienz stärken?", so lässt sich sagen, dass sich die eigene Resilienz nicht durch eine spezifische Übung allein oder eine einzige Verhaltensänderung erreichen lässt. Um die eigene Resilienz zu stärken, müssen die 8 Flügel gestärkt werden. Sicherlich müssen nicht alle Flügel gleich stark sein, aber es sollten aus allen Flügeln Aspekte in meinem Verhalten vorhanden sein.

In den nächsten Abschnitten geht es genau um diese 8 Flügel und deren Auswirkungen auf meine innere Stärke.

Sie sollten aber auch stets bedenken, dass es bei dem Prozess der Stärkung der Resilienz nicht grundlegend darum geht,

- das zu verändern, was bereits gut ist,
- sich nur auf die Schwächen, Fehler und Misserfolge zu konzentrieren, um diese zu ändern,
- alles ändern zu wollen um jeden Preis und mit jeder Anstrengung.

In diesem Sinne sind auch die in diesem Buch präsentierten Übungen und Lösungsansätze zu verstehen. Es handelt sich um Möglichkeiten, an seinem eigenen Verhalten etwas zu verändern oder einfach nur die eigene Sichtweise auf Dinge, Personen oder Situationen zu verändern. Nutzen Sie diese Möglichkeiten, vielleicht fallen ihnen sogar neue Übungen oder Denkansätze ein, die ihnen im Leben und in der Arbeitswelt dauerhaft weiterhelfen können.

Wenn man verschiedenen Untersuchungen glaubt, sind vor allem Führungskräfte aus dem Mittelmanagement von Stress geplagt, was hauptsächlich zwei Gründe hat:

- In der Rolle selbst liegt oft begründet (aus Ressourcenmangel oder Zeitmangel), nicht allen Aufgaben gerecht werden zu können.
- In der „Sandwich-Position“ von zwei Seiten mit Anforderungen und Erwartungen konfrontiert zu sein und damit oft den eigenen Ansprüchen nicht mehr gerecht werden zu können.

Sie als Führungskraft sollten also in erster Linie auch sich selber stärken, womit nicht nur die körperliche Fitness gemeint ist, sondern auch die emotionale Seite. Nur wenn Sie fit und stark sind, können Sie den Aufgaben und Mitarbeitern auch gerecht werden und zufrieden und entspannt in die Zukunft blicken.

2. Selbstwahrnehmung stärken

a. Hintergründe und Möglichkeiten

Unter Selbstwahrnehmung versteht man die Fähigkeit, die eigenen Gefühle/Emotionen, Funktionen und Bedürfnisse sowie die persönliche Ausstrahlung wahrzunehmen und richtig einzuschätzen.

Eine gute Selbstwahrnehmung ist die Grundlage für eine gute Selbsteinschätzung und ein gesundes Selbstbewusstsein. Dazu gehört, den eigenen Körper und die eigenen Gefühle richtig wahrzunehmen. Jeder muss wissen, was er fühlt, wie es ihm geht, wie man auf andere wirkt. Es geht auch um die Bereitschaft, einmal tief in sich hineinzuschauen.

Eine selbstkritische Selbstwahrnehmung ist der erste Schritt für eine gezielte Veränderung in die richtige Richtung und damit die Grundlage für privaten und/oder beruflichen Erfolg. Das erfordert Mut aufrichtig zu sich selbst zu sein, Innehalten um sich selbst zu beobachten und Ehrlichkeit.

Selbstwahrnehmung ist eine Voraussetzung für Resilienz, also die Fähigkeit, festzustellen, wenn wir uns nicht gut fühlen, damit wir die notwendigen

Konsequenzen einleiten können, durch die wir uns wieder gut oder zumindest besser fühlen.

Zur Selbstwahrnehmung gehören Themen wie

- Entschleunigung und Pausen,
- Achtsamkeit und innerer Dialog,
- Bedürfnisse,
- Verhaltensmuster und
- Körpergefühl.

Hier wird bereits klar, dass es bei diesem Flügel nicht um andere Menschen geht oder um die Veränderung einer Situation, sondern allein um mich selbst und darum, wie ich auf meine Umwelt reagiere.

In der heutigen Arbeitswelt wird immer wieder auch von Achtsamkeit und Entschleunigung gesprochen, in Wirklichkeit geht es aber darum, dass man immer besser funktioniert und alles stets schneller wird. Ich muss schneller reagieren auf Mails oder ich muss schneller fertig werden, weil das durch IT unterstützt wird, indem das Denken vorherrscht, mit dem Einsatz des Computers kann alles schneller erledigt werden. Dieses geschieht nicht zuletzt auch wegen der neuen Medien und unseres Umgangs damit. Der entscheidende Punkt ist unser Umgang, nicht die Medien.

Es geht mir nicht darum, den Umgang mit den neue Medien zu verbieten oder zu verteufeln, sondern dass man lernt, damit verantwortungsvoll umzugehen. Dies haben auch schon viele Unternehmen erkannt, die bereits damit begonnen haben, ihren Mitarbeitern durch Anweisungen und Vorschriften einen anderen Umgang mit E-Mails oder Handys zu vermitteln. Beispiele von Unternehmen, die zum E-Mails nach Arbeitszeitende nicht mehr weiterleiten, wollen die Mitarbeiter damit schützen und ihnen ihre Freizeit geben. Leider führt das häufig nur dazu, dass die Mitarbeiter erfinderisch werden und versuchen, das System zu umgehen.

Aber eben um die eigene Achtsamkeit und Entschleunigung geht es bei der Resilienz.

b. Übungen zum Nachmachen

Übung, um zu reflektieren:

Im alten China, so wird berichtet, hatte ein Bauer ein kleines Reisfeld oberhalb einer Schlucht. Täglich stieg er mehrmals in die Schlucht hinab, um Wasser für seine Felder hinaufzutragen.
Als die Amerikaner ins Land kamen und den Bauern seine mühsame Arbeit verrichten sahen, boten sie ihm an, eine Pumpe zu bauen, die ihm die ganze Last des Wassertragens ersparen sollte.
Der Bauer lehnte höflich ab: „Könnte ich nicht mehr Wasser tragen, so fehlte mir die Zeit zum Nachdenken."
(Quelle der Geschichte: Peter Bloch).

Reflexionsfragen:

- Welche Moral ziehen Sie aus dieser Geschichte?
- Welche Arbeiten und Tätigkeiten verrichten Sie, die auch der Entspannung und dem Nachdenken dienen?
- Wieso sind solche Zeiten so enorm wichtig für uns?
- Was würde wohl passieren, wenn wir uns dieser Zeiten beraubten?

Achte auf deine Gefühle, denn sie werden zu Gedanken.
Achte auf deine Gedanken, denn sie werden zu Worten.
Achte auf deine Worte, denn sie werden zu Handlungen.
Achte auf deine Handlungen, denn sie werden zu Gewohnheiten.
Achte auf deine Gewohnheiten, denn sie werden dein Charakter.
Achte auf deinen Charakter, denn er wird dein Schicksal.
(Quelle des Zitats: Chinesisches Sprichwort)

Um achtsamer zu werden oder mehr von sich wahrzunehmen, sind auch körperliche Übungen hilfreich:

- Meditation,
- Yoga,
- progressive Muskelentspannung,
- Tai Chi,
- o. Ä.

Hierbei rate ich immer, zumindest um die Übungen richtig zu erlernen, sich einen Trainer oder Coach zu suchen, der einem die Übungen und ihren Ablauf richtig beibringt. Wenn dabei Fehler gemacht werden, kann auch ein negativer körperlicher Effekt eintreten.

Übung: Body-Scan – von Jon Kabat-Zinn – aus Mindfulness-Based Stress Reduction
Der Body-Scan ist eine etwa 30-minütige Übung, die jede Körperregion atmend und aufmerksam nach Verspannungen „abtastet". Laut Kabat-Zinn erlangen wir so einen klareren Eindruck davon, was in und mit uns vorgeht. Schon nach kurzer Zeit regelmäßigen Übens kann sich „eine schmerz- und stressfreie Stille" entwickeln.

Legen Sie sich bequem auf den Boden (Entspannung vorbereiten).
Beine etwas spreizen, die Füße kippen nach außen.
Arme liegen seitlich am Körper, die Handflächen sind entspannt und zeigen nach oben.
Kommen Sie zur Ruhe, atmen Sie tief in den Bauch hinein und spüren Sie, wie sich mit jedem Atemzug die Bauchdecke leicht hebt und senkt. Lassen Sie sich etwas Zeit.

Nun lenken Sie Ihre Aufmerksamkeit in den linken Fuß. Stellen Sie sich vor, dass Sie bis „in die Zehen hinein atmen". Spüren Sie den großen Zeh, den kleinen, die Zehen dazwischen. Registrieren Sie alle Empfindungen und Spannungen: Sind Ihre Zehen warm oder kalt? Beginnen sie plötzlich zu kribbeln? ... Wenn Sie nichts spüren, dann spüren Sie eben nichts. Welche Empfindungen auch immer auftauchen mögen, sie werden einfach nur wahrgenommen. Dann stellen Sie sich vor, dass Sie mit dem Ausatmen alle Gefühle und Spannungen loslassen.

Auf diese Weise lenken Sie Ihre Aufmerksamkeit nach und nach auf Fußsohle, Fußrücken, Sprunggelenk, Unterschenkel, Knie, Oberschenkel und Leiste.

Tasten Sie so Ihren ganzen Körper ab: rechter Fuß bis Leiste, Unterleib, Gesäß und Becken, die Wirbelsäule von unten nach oben, Finger der linken Hand bis zur Schulter, Finger der rechten Hand bis zur Schulter, Nacken, Hals, Gesicht, Kopf bis zum höchsten Punkt.

Am Ende der Übung – sie dauert etwa 30 Minuten – spüren Sie noch einmal Ihre Atmung und kommen in Ihrem Tempo in die Gegenwart zurück. *(aus: Kabat-Zinn, Jon: Stressbewältigung durch die Praxis der Achtsamkeit; Arbor Verlag, 1999)*

3. Die Eigensteuerung erweitern

a. Hintergründe und Möglichkeiten

In der Verhaltenspsychologie wird unter Eigensteuerung weniger eine Persönlichkeitseigenschaft, sondern das konkrete, bewusste Verhalten einer Person in einer bestimmten Situation verstanden. Eigensteuerung ist demnach das Ausführen einer Handlung, die mit Hilfe selbsterzeugter Reize und ohne (sofortigen) äußeren Druck oder Zwang vollzogen wird (kontrollierende Handlung) und die mit dem sonst üblichen Problemverhalten unvereinbar ist. Eigensteuerung liegt z. B. vor, wenn jemand auf Situationen, die bei ihm normalerweise unerwünschte Angst oder Stress auslösen, mit Entspannung oder sich selbst Mut machenden Äußerungen reagiert.

Die Eigensteuerung umfasst dabei mehrere Vorgänge, nämlich die Selbstbeobachtung des Verhaltens, die Selbstbewertung des Verhaltens anhand von Leistungskriterien und die anschließende positive oder negative Selbstverstärkung.

Eigensteuerungstechniken werden z. B. bei Suchtproblemen oder bei der Stressbewältigung angewendet.

Wir haben Einfluss darauf, womit wir uns beschäftigen, welche Informationen wir uns aneignen, womit wir uns berieseln lassen, in welchem Umfeld wir uns bewegen und mit welchen Menschen wir uns umgeben.

Genau diese Fähigkeit der Eigensteuerung kann ich nutzen, um mich im Arbeitsalltag nicht von meinen Kollegen, Mitarbeitern oder der Situation immer wieder fremdbestimmen zu lassen und mich in einen guten emotionalen Zustand zu bringen, der mich positiv denken und entspannt bleiben lässt.

Eine wichtige Voraussetzung für die Eigensteuerung ist die Selbstwahrnehmung. Ich muss auch wahrnehmen können, dass ich Angst habe oder wütend bin, und ich muss wahrnehmen können, dass mir etwas „Bauchschmerzen" bereitet.

Die Eigensteuerung umfasst also zusammenfassend dabei mehrere Vorgänge:

- die Selbstwahrnehmung und -beobachtung des eigenen Verhaltens,
- die eigene Bewertung des Verhaltens und
- die anschließende positive oder negative Verstärkung des eigenen Verhaltens.

Relevante Ansatzpunkte bei diesem Thema sind:

- Selbstvertrauen,
- Motivation,
- Werte,
- Glaubenssätze und
- eigene Stärken erkennen.

Ich komme noch einmal auf die Gehirnforschung zurück und welche Erkenntnisse für die Eigensteuerung wichtig sind:

Für unser Gehirn macht es fast keinen Unterschied, ob wir etwas denken oder etwas tun.

Deshalb ist es auch möglich, durch Mentaltraining bei Sportlern eine Leistungssteigerung zu erreichen. Haben wir positive Gedankengänge, werden die Nervenzellen auf eine andere Art miteinander verbunden, als wenn wir negative Gedankengänge hervorrufen. Da das Gehirn bei vielen Wiederholungen auch stärkere Verbindungen aufbaut, können Sie sich das so vorstellen, als ob aus einem kleinen Trampelpfad eine Autobahn wird. Das heißt, Sie selbst beeinflussen durch ihre Gedanken ihre Stimmung. Viele positive Gedanken, viele positive Stimmungen; viele negative Gedanken, viele negative Stimmungen.

Wenn Menschen einem Dauerstress ausgesetzt sind oder dies zumindest so empfinden, dann wird das negative Gedankengut so stark, dass bereits völlig harmlose Ereignisse Aggressionen hervorrufen können. Je länger diese negative Spirale gedacht wird, desto schwieriger wird es, aus ihr auszubrechen.

Im Laufe unseres Lebens wurde alles, was wir hörten, sahen, rochen, schmeckten. erlebten und dachten, in unser Gehirn eingeprägt. Auf dieser Basis entwickelte nun unser Unterbewusstsein Verhaltens- und Reaktionsmuster. Und bei den Mustern, die sich am stärksten eingeprägt haben, neigen wir dazu, sie zu wiederholen, wodurch sie sich noch fester einprägen.

Ein Beispiel: Man betritt einen Raum, in dem es nach „Zahnarzt" riecht. Viele kennen dieses spontan aufkommende beklemmende Gefühl. Es ist ein Reiz – Reaktionsmuster. Das emotionale Gedächtnis speichert alles ab und ruft bei Erinnerung Reaktionen hervor, manchmal der Situation unangemessen. Das gilt es mit Hilfe der Eigensteuerung zu durchbrechen.

Deshalb ist es auf der rationalen Ebene für eine wirksame Eigensteuerung wichtig, sich bestimmter eigener Wertesysteme und „Glaubenssätze" erst einmal bewusst zu werden. Dann können sie danach bewertet werden, ob sie uns guttun oder in unserem Leben eher hinderlich sind. Nur weil sie uns immer wieder begegnen oder wir bisher nach ihnen gelebt haben, müssen sie uns nicht guttun und auch nicht richtig sein.

b. Übungen zum Nachmachen

Übung: Selbstsuggestion – der Satz der Kraft
Wählen Sie einen Satz, mit dem Sie sich wirklich gut fühlen und der zu Ihnen passt. Ihr Bauch wird Ihnen sagen, was der richtige Satz für Sie ist.
Der Satz sollte ruhig etwas länger sein, denn wir wollen/sollen die Möglichkeit haben, zu wachsen.

Beispiele:
„Ich bin überzeugend!"
„Ich eröffne neue Möglichkeiten."
„Ich setze um, was ich mir vornehme."

Sagen Sie sich diesen Satz am besten jeden Morgen vor, wenn Sie vor dem Spiegel stehen. Strahlen Sie sich dabei an und sprechen Sie den Satz mit Überzeugung aus. Führen Sie das gleiche Ritual am Abend noch einmal durch.

Achtung: Halten Sie mindestens sechs Wochen durch! Denn am Anfang wird Ihnen die Übung leicht fallen, Sie werden sich über den Satz freuen. Nach einiger Zeit werden Sie aber ganz sicher auch Kommentare im Kopf haben wie: „Was soll das Ganze, das bringt doch nichts!" Freuen Sie sich auf diese Phase, denn jetzt findet eine unbewusste Auseinandersetzung zwischen Ihrer alten Selbstüberzeugung und diesem neuen Satz der Kraft statt. Genau in dieser Phase beginnt eine innere Veränderung.

Neue Gehirnbahnen entstehen, die Ihrer neuen Selbstüberzeugung entsprechen, sodass Sie zunehmend auch Auswirkungen auf Ihr Verhalten und damit auf Ihre Umwelt erfahren werden. *(aus: Jutta Heller, Resilienz – 7 Schlüssel für mehr innere Stärke, S. 81)*

Übung zur Veränderung der nicht mehr hilfreichen Glaubenssätze:

1. Überlegen Sie: Gibt es in Ihnen vielleicht einen oder mehrere automatische Glaubenssätze über das Leben, von dem oder von denen Sie sich blockiert fühlen? Solche Glaubenssätze wären z. B.:
   „In unserer Familie schafft man so etwas nicht."
   „Da bin ich nicht der Typ dazu."
   „Erst die Arbeit, dann das Vergnügen."
   „Es ist egoistisch, zu oft an die eigenen Wünsche zu denken."
   „Männer weinen nicht."

   Suchen Sie sich einen Glaubenssatz aus, der sie in Ihrem Leben ständig begleitet.

2. Beantworten Sie dann folgende Fragen zu diesem Glaubenssatz:
   a. Ist er heute noch nützlich und hilfreich?
   b. Woran hindert er mich?
   c. Welcher Glaubenssatz wäre eine sinnvolle Alternative (für einen Glaubenssatz, der nicht mehr hilfreich ist)?
3. Wie kann ich den neuen „Glaubenssatz" verankern?
   Was kann ich tun, um ihn möglichst oft zu hören oder zu lesen?
   Hänge ich mir einen Zettel an den Spiegel, richte ich mir einen entsprechenden Bildschirmschoner ein oder welche Möglichkeiten habe ich noch?

4. Eigene Grenzen erweitern

a. Hintergründe und Möglichkeiten

Viele Menschen empfinden Grenzen als Sicherheit und als einen wichtigen Rahmen. Das ist sicherlich richtig, aber eben nur ein Aspekt. Gleichzeitig engen uns diese Grenzen auch ein. Sie begrenzen unser Denken und auch unser Handeln, und häufig wollen wir Grenzen, die schon länger bestehen, auch der vermeintlichen Sicherheit wegen verteidigen. Um etwas Neues oder die andere größere Sichtweise zu bekommen oder erleben zu können, müssen wir aber unsere Grenzen häufig erweitern.
Was bedeutet Grenzen erweitern im resilienten Sinne?
Es bedeutet nicht, dass ich die EINE, die PERFEKTE Lösung parat habe! Es bedeutet vielmehr, dass ich mal schaue, offen bin – durchaus auch unkonventionell und kreativ. Es geht darum Möglichkeiten/Optionen zu

haben. Blick in Richtung Lösung = Lösungsorientierung. NICHT Blick in Richtung Problem = problemorientiert!
Wichtige Aspekte hierbei sind:

- Improvisationstalent aufbauen,
- Kreativität fördern,
- Perspektivenwechsel vornehmen können,
- verschiedene Szenarien durchspielen und bewerten können sowie
- Synergien erkennen und nutzen können.

b. Übungen zum Nachmachen

Übung: Denkhüte nach de Bono
Die Kreativitätstechnik der sechs Denkhüte stammt von Edward de Bono. Diese Methode sieht sechs verschiedene Rollen vor, die nach Farben benannt sind: Weiß, Rot, Schwarz, Gelb, Grün und Blau. Diese Rollen werden durch Hüte repräsentiert und entsprechen bestimmten Blickwinkeln. Sie schlüpfen abwechselnd in diese Rollen – setzen sich also bildlich gesprochen einen bestimmten Hut auf den Kopf – und beleuchten die Ausgangsfrage oder das Problem aus der jeweiligen Perspektive.
Die Kreativitätstechnik der sechs Denkhüte eignet sich in folgenden Situationen:

bei komplexen Problemstellungen,
bei der Bewertung und Verbesserung von Ideen aus verschiedenen Blickwinkeln.

Die Bedeutung der Farben ist folgende:

Weiß
Weiß steht für neutrales, analytisches Denken. In dieser Rolle beschäftigen Sie sich nur mit Fakten, Zahlen und Daten. Sie vermeiden es, sich eine subjektive Meinung zu bilden und bewerten nicht.

Rot
Diese Farbe steht für subjektives, emotionales Denken. In dieser Rolle bilden Sie sich eine persönliche Meinung und betrachten positive wie negative Gefühle. Hier dürfen auch Widersprüche auftreten.

Schwarz
Diese Rolle repräsentiert den pessimistischen Kritiker. Der Kritiker konzentriert sich auf objektive Argumente, die negative Aspekte hervorheben. Mit dem schwarzem Denkhut denken Sie an Risiken und Einwände.

Gelb
Gelb steht für die dem Kritiker entgegengesetzte Rolle. Hier ist realistischer Optimismus gefragt. Positive Argumente werden gesammelt. Objektive Chancen und Vorteile sind das Thema des „gelben Denkers".

Grün
Der grüne Denkhut steht für Innovation, Neuheit und Assoziation. In der grünen Rolle produzieren Sie neue Ideen und kreative Vorschläge. Kritik ist hier fehl am Platz: Alle Ideen werden unvoreingenommen gesammelt.

Blau
Die blaue Rolle sorgt für Ordnung, Durch- und Überblick. Ihre Aufgabe ist es, Ideen und Gedanken zu strukturieren.

Mit dieser Übung können Sie lernen, Themen und Probleme aus verschiedenen Blickwickeln zu betrachten und damit zu neuen Lösungen und Sichtweisen zu kommen. Sie schreiben am besten alle in der jeweiligen Rolle gewonnenen Eindrücke auf und schauen sich dann ganz zum Schluss alle Ergebnisse an, um eine neue Perspektive oder Lösung zu kreieren.

Übung: SWOT:
Auch die SWOT-Analyse kann dabei helfen, Themen und Sachverhalte aus verschiedenen Blickwinkeln und unter verschiedenen Argumentationslinien zu sehen:

Hierbei geht es um die Punkte:

S trengths (Stärken)
W eaknesses (Schwächen)
O pportunities (Chancen)
T hreats (Risiken)

Wenn ich eine SWOT-Analyse aus Sicht meiner Rolle als Führungskraft durchführe, könnte das so aussehen:

Stärken:
Ich kann gut mit Kunden umgehen.
Ich kann gut zuhören, wenn Mitarbeiter auf mich zukommen.
Ich bin geduldig.
...

Schwächen:
Ich nehme mir häufig zu viel vor.
Ich kann schwer Nein sagen.
Ich bin zu leicht zu verunsichern.
...

Chancen:
Ich kann mir To-do-Listen machen und das, was nicht mehr geht, ablehnen.
Ich kann lernen, auch einmal Nein zu sagen oder etwas zu hinterfragen.
Ich kann Unsicherheiten auch als Chance begreifen, um Fragen zu stellen.
...

Risiken:
Ich werde leicht in Stress geraten, wenn ich nichts verändere.
Ich könnte mich unbeliebt machen, wenn ich keine klare Linie vertrete.
Ich könnte meine eigene Motivation verlieren, wenn ich nichts verändere.
...

5. Realistischen Optimismus fördern

a. Hintergründe und Möglichkeiten

Optimismus ist in erster Linie eine Geisteshaltung. Optimisten und Pessimisten unterscheiden sich in der Art und Weise, wie sie die Welt erleben, bewerten und darauf reagieren.

Resiliente oder realistische Optimisten sind keineswegs immer gut drauf und witzig. Sie haben ein sehr klares Bild von ihrer Lebenssituation: Sie konzentrieren sich auf das Positive, ohne dabei das Negative aus den Augen zu verlieren – damit unterscheidet sich resilientes Denken vom klassischen „positiven Denken", das unerfreuliche Tatsachen ignoriert und Unangenehmes verdrängt.
Statt sich lediglich einzureden „Es geht mir von Tag zu Tag besser!", machen sich resiliente Menschen zuversichtlich daran, Wünsche und Realität einander anzunähern.

Resiliente Menschen sind sicher, dass es gerade deshalb, weil es im Moment so schwierig ist, einfacher werden wird.

Dinge ändern sich – die Dinge werden sich ändern! (fester Glaube an die Veränderung)
Nach dieser schwierigen Zeit werden auch wieder bessere Zeiten kommen. (fester Glaube an das Bessere)

Diese Einstellungen können durch zwei wesentliche Faktoren beeinflusst werden:

Körperhaltung und
Denkmuster verändern.

Die Körperhaltung hat einen wesentlichen Einfluss auf unsere Emotionen und somit auch auf unser Denken. Dieser Zusammenhang wurde in verschiedenen Experimenten eindeutig nachgewiesen.

Hier eine Versuchsreihe:

Um den Zusammenhang zwischen Körperhaltung und Emotionen experimentell zu untersuchen, dachten sich John Riskind und Carolyn Gotay ein trickreiches Arrangement aus. Ihren Versuchspersonen wurde offiziell mitgeteilt, dass sie an einer Untersuchung zum räumlichen Denken teilnehmen würden, und mit ihnen wurde von Versuchsleitung A auch ein entsprechender Test durchgeführt. Als die Teilnehmer auf ihr Testergebnis warteten, wurden sie von einer zweiten Versuchsleitung angefragt, ob sie während der Wartezeit schnell für eine kleine andere Untersuchung einspringen könnten, die sich auf den Zusammenhang zwischen Muskelreaktion und Hautleitfähigkeit beziehe. Wer sich in dieser Hinsicht hilfsbereit zeigte, fand sich alsbald in einem anderen Untersuchungsraum wieder, und zwar in sitzender Haltung und im Nacken und an den Handgelenken mit verschiedenen Elektroden verkabelt, die mit diversen beeindruckenden Maschinen verbunden waren. Versuchsleitung B behauptete, man benötige jetzt äußerst exakte Messungen über die Muskelaktivität. Dazu müssten die Versuchsteilnehmer leider für eine Weile in einer bestimmten Körperhaltung bleiben. Tatsächlich verharrten nun die Versuchspersonen unter Aufsicht acht Minuten in der ihnen zugewiesenen Körperhaltung, ohne sich zu rühren.

Zwei Arten von Körperhaltungen wurden dabei vorgegeben: Gruppe 1 saß gekrümmt, Gruppe 2 aufrecht.

Als die acht Minuten um waren, bedankte sich die Versuchsleitung B herzlich bei den Versuchspersonen und schickte sie wieder in den ersten Raum zurück. Dort erwartete sie auch schon Versuchsleitung A, um mit ihnen einen weiteren „Test“ zum räumlichen Denken durchzuführen, der diesmal aus unlösbaren geometrischen Puzzles bestand. Und jetzt wurde das gemessen, was Riskind und Gotay eigentlich interessierte, nämlich ob das Durchhaltevermögen bei einer frustrierenden Aufgabe von der vorher eingenommenen Körperhaltung abhängig war. Gemessen wurde, wie viele Puzzleteilchen die Versuchspersonen von einem Stapel nahmen, bis sie frustriert waren, die Arbeit an einem Stapel beendeten und zum nächsten Puzzle übergingen.

Das Ergebnis war eindeutig: Gruppe 1, die acht Minuten lang „gekrümmt worden war", bearbeitete im Schnitt 10,78 Teilchen, Gruppe 2, die vorher aufrecht gesessen hatte, hielt hingegen deutlich länger durch und schaffte 17,11 Teilchen.

Riskind und Gotay interpretieren dieses Ergebnis so: Durch die gekrümmte Körperhaltung wurden bei den Teilnehmern der Gruppe 1 Gefühlslagen wie Depressionen, Aufgeben und Mutlosigkeit aktiviert. Und dies bewirkte eine kognitive Voreinstellung, die in einer schwierigen Situation schneller zu Mutlosigkeit mit entsprechenden Verhaltenskonsequenzen führte.

Es gibt noch eine Reihe weiterer Wissenschaftler, die sich dieses Themas angenommen haben.

Für Sie bedeutet dies, dass Sie durch Ihre Körperhaltung auch Ihre Stimmung und damit Ihre Leistungsfähigkeit beeinflussen.

Der andere Effekt, der dazu führt, dass Sie ein realistischer Optimist werden können, ist eine besondere Art des Denkens und der Denkmuster.

Je konkreter wir formulieren, was wir wollen, desto wahrscheinlicher ist es, dass wir es auch erreichen können.

Unsere Entscheidungen und Handlungen sind ein individueller Mix aus Ratio und Emotio, aus Bewusstsein und Unbewusstsein sowie aus egoistischer und sozialer Prägung. Die moderne Gehirnforschung bietet hierfür Belege.

Unsere Entscheidungen und Handlungen unterliegen vielen Einflussfaktoren, die sich in unserem Gehirn teils in verschiedenen Arealen, teils in denselben Arealen abspielen.

Unter Berücksichtigung all dieser Erkenntnisse hängt die eigene Persönlichkeitsentwicklung sehr stark von einem Prozess ab, den man als emotionale Konditionierung bezeichnet.

Die emotionale Konditionierung ist von vier wesentlichen Bestimmungsgrößen geprägt:

- der individuellen genetischen Ausrüstung,
- den Eigenheiten der individuellen Hirnentwicklung,
- den persönlichen Erfahrungen und
- den psychosozialen Einflüssen.

Nicht nur Tiere, sondern auch Menschen verfügen über angeborene Lösungsstrategien, die sich im Laufe der Evolution entwickelt haben. Diese können aber in der heutigen Welt, insbesondere in der Arbeitswelt, die von schnellen Veränderungen geprägt ist, nur noch selten genutzt werden.

Aus Versuchen des Psychologen Dietrich Dörner von der Universität Bamberg kann man erkennen, dass Menschen häufig folgende Fehler begehen:

- Loslegen mit Maßnahmen ohne ausreichende vorherige Situationsanalyse,
- Nichtberücksichtigung der gegenseitigen positiven oder negativen Beeinflussung der meisten Faktoren und Maßnahmen,
- Konzentration auf das unmittelbare Geschehen und Nichtberücksichtigen von Fern- und Nebenwirkungen der ergriffenen Maßnahmen,
- der starre Glaube, die einzig richtige Methode zu besitzen,
- Flucht in neue Projekte, wenn etwas schiefzugehen droht,
- Ergreifen immer radikalerer Maßnahmen, wenn Dinge aus dem Ruder laufen.

Bei unseren Handlungen und Entscheidungen treten immer mehrere Instanzen (des Gehirns) mit ihren jeweiligen Argumenten in einen Wettbewerb mit teilweise ungewissem Ausgang. Es hat also keine Instanz das alleinige Kommando.

Bemerkenswert ist allerdings, dass unser Bewusstsein – wenn erst einmal eine Entscheidung gefallen ist – sich diese Entscheidung selbst zuschreibt, so als gäbe es nur diese eine Instanz.

Dennoch muss eine Grundbedingung beachtet werden, nämlich die, dass alles, was wir auf der Basis der in unserem Gehirn getroffenen Entscheidungen tun, in Einklang mit unserem emotionalen Erfahrungsgedächtnis stehen muss. Wir müssen nämlich mit dem, was wir tun, auch leben können!

Und weil das so ist, hat unser emotionales Erfahrungsgedächtnis immer das erste und letzte Wort.

Mit anderen Worten: Was wir tun, muss im Spiegel unserer bewussten und unbewussten Lebenserfahrung plausibel und gerechtfertigt erscheinen. Ist dies auf Dauer nicht der Fall, so gefährden wir unsere Gesundheit.

Es ist also unbedingt erforderlich, dass wir unsere unbewussten Motive und unsere bewussten Ziele miteinander in Übereinstimmung bringen.

Und genau diese Übereinstimmung von unbewussten Motiven und bewussten Zielen führt uns zum nächsten Aspekt, der für die Erreichung von Zielen sehr wichtig ist: der Freude.

Eine Möglichkeit, sich realistischer positiv zu stimmen, besteht darin, die nicht direkt sichtbaren inneren Zustände (Glaubenssätze; Werte, ...) mit den beobachtbaren messbaren Zuständen des Gehirns und des Körpers in Verbindung zu bringen.

Bei Gefühlen wie z. B. Zufriedenheit, Freude oder Glück werden u. a. Substanzen wie Serotonin oder Dopamin ausgeschüttet.
Serotonin wirkt z. B. beruhigend und angstmindernd, Dopamin z. B. beflügelnd und anregend.

Bei Gefühlen, wie beispielsweise Angst oder Verzweiflung, werden u. a. Substanzen wie Cortisol oder Noradrenalin ausgeschüttet.
Cortisol bewirkt z. B. Stressgefühle und Noradrenalin z. B. Bedrohungsgefühle.

Eine besonders interessante Erkenntnis (der Forschung) ist, dass uns nicht das eigentliche erlebt haben von positiven Gefühlen motiviert, sondern vielmehr das Streben nach diesen Zuständen.

Das heißt, wenn unsere Gedanken uns Angst machen, dann hemmen sie uns auch dabei, neue Lösungen zu finden und Krisen zu bewältigen.

Hierzu ein Beispiel:
Es ist ein ganz normaler Arbeitstag. Völlig unerwartet werden Sie zu Ihrem Geschäftsführer gerufen. Dieser überträgt Ihnen eine neue und eilige Aufgabe, die er außerdem noch als extrem bedeutsam für das Unternehmen und die eigene Abteilung beschreibt. Was denken Sie in dieser Situation?

Möglichkeit 1:
Sie kennen eine solche Situation und haben sie auch schon einmal positiv gemeistert. Deshalb bewerten Sie die Situation eher neutral und sie macht ihnen auch keine Angst, aber sie ist auch kein besonderer Anreiz für Sie.

Möglichkeit 2:
Sie wollten dem Geschäftsführer schon immer einmal zeigen, was in Ihnen steckt. Deshalb ist das die ideale Möglichkeit, das jetzt auch zu zeigen, und Sie nutzen die Gelegenheit und strengen sich besonders an. Sie sind positiv gestimmt und die Situation ist für Sie ein besonderer Anreiz.

Möglichkeit3:
Sie denken sofort an die negativen Folgen, die eintreten werden, wenn Sie die Aufgabe nicht zufriedenstellend bewältigen. Sie befürchten Konsequenzen, und das macht Ihnen Angst.

Es gibt sicherlich noch weitere Möglichkeiten, mit dieser Situation umzugehen, aber an den drei Beispielen wird sichtbar, welche Botenstoffe im Gehirn ausgeschüttet werden können und wie gut oder schlecht Sie dadurch diese Aufgabe erledigen können. Sie kennen bestimmt auch die „Selbsterfüllende Prophezeiung“.

Realistischer Optimismus ist mit bestimmten Denkmustern verbunden:

Dauer:
Optimisten halten unangenehme, ärgerliche und belastende Situationen und unerfreuliche Ereignisse, die ihnen widerfahren, für zeitlich begrenzt und veränderlich.

Differenzierung:
Pessimisten verallgemeinern ungute und schmerzliche Erfahrungen, die sie in einem bestimmten Bereich hinnehmen mussten. Optimisten nehmen solche Erfahrungen differenzierter wahr. Im Gegensatz zu Pessimisten neigen sie dazu, Erfolge und erfreuliche Gegebenheiten zu verallgemeinern.

Zuschreibung:
Pessimisten nehmen Misserfolge, Fehlschläge und ungünstige Vorfälle schnell persönlich und betrachten sich als Opfer oder Verursacher. Optimisten schreiben sich dagegen eher selbst die Ursachen für positive Erlebnisse und Erfolge zu. Sie lassen ihr Selbstwertgefühl nicht so schnell durch Umstände oder durch andere Menschen erschüttern.

b. Übungen zum Nachmachen

Übung: Das Gute im Schlechten (Erfahrungen aus der Vergangenheit)
Wenn wir mit Ereignissen konfrontiert werden, die wir weder erwartet noch uns gewünscht haben, reagieren wir normalerweise mit Abwehr und konzentrieren uns bewusst auf die damit verbundenen Schwierigkeiten und Probleme. Erst im Nachhinein stellen wir oft fest, dass vieles, was zunächst als sehr problematisch und unter den gegebenen Umständen sehr schwierig erschien, dennoch auch positive Folgen hatte.
Doch es gibt keinen Verlust, der einem nicht zumindest auch einen kleinen Gewinn beschert. Vor allem in Situationen, in denen wir langfristig nur die schmerzhafte Seite der Verluste wahrnehmen, kann es hilfreich sein, es sich zu erlauben, sich die Gewinne bewusst zu machen.
Finden Sie Beispiele für (zunächst) negative Vorkommnisse und entwickeln Sie Schleifen, zu welchen positiven Erfahrungen/Erlebnissen diese Vorkommnisse letztendlich auch geführt haben.

Markieren Sie anschließend, welche Aspekte Sie nicht mehr missen möchten.

Beispiel:

Wenn meine Firma mich nicht gekündigt hätte …	… wäre ich immer noch in einer Abteilung, die mich belastet hat. … hätte ich mir keinen neuen Job gesucht und mir damit keine neuen Möglichkeiten geschaffen. … wäre ich niemals umgezogen und hätte niemals diesen neuen tollen Nachbarn bekommen. … hätte ich niemals den tollen Kollegen kennen gelernt.

Vergangenheit: Welche ungewollten/unerfreulichen Ereignisse habe ich erlebt?	Gegenwart: Welche positiven Folgen sind damit verbunden? Was habe ich dadurch erfahren/kennen gelernt?
1. 2. 3.	

Kinesiologie ist die Lehre von der Bewegung und beschäftigt sich mit dem Zusammenspiel von Nerven, Muskeln und Knochen sowie ihrem Einfluss auf die Körperhaltung und die Bewegungsabläufe. Sie will festgefahrene Bewegungs- und Verhaltensmuster verändern. Manche der kinesiologischen Übungen sind so einfach, dass man sie auch ohne professionelle Begleitung überall machen kann.

Übungen: Kinesiologie, d. h. kleine Bewegungen, die viel bewegen
Mit der „Denkmütze“, den „Gehirnknöpfen“ oder der „Überkreuzbewegung“ können Hören, Sehen und Gehen verbessert werden. Was man dafür braucht? Nichts außer ein paar Minuten Zeit, etwas Konzentration und ein Quäntchen Neugier für kinesiologische Übungen.

Kinesiologische Übungen können im Liegen, Sitzen oder Stehen gemacht werden.

1. Denkmütze:
Mit Daumen und Zeigefinger wird der Rand der Ohrmuschel von innen nach außen und von oben nach unten zum Ohrläppchen hin massiert. Der Kopf befindet sich dabei in der Waagerechten und ruht mittig auf dem Hals.
Diese Übung regt den Hörsinn an und aktiviert das Gleichgewichtsorgan im Innenohr, sodass sich die Aufmerksamkeit erhöht, die Atmung tiefer wird sowie Kiefer-, Zungen- und Gesichtsmuskulatur sich entspannen.

2. Gehirnknöpfe oder Einschaltpunkte:
Eine Hand berührt oder massiert den Bauchnabel, die andere Hand berührt mit gespreizten Fingern die beiden Akupunkturpunkte rechts und links neben dem Brustbein, die sich direkt im Grübchen unter dem Schlüsselbein befinden, und massiert dort. Dann wechseln die Hände.
Diese Übung regt den Stoffwechsel im Gehirn an, das Reaktionsvermögen wird schneller, der Körper kann leichter ausbalanciert werden. Außerdem gelangt der Sauerstoff besser ins Gehirn, sodass man wieder besser sehen kann.

3. Überkreuzbewegung:
Abwechselnd berührt die rechte Hand das linke angehobene Knie bzw. die linke Hand das rechte angehobene Knie. Die Übung kann gesteigert werden, indem der Ellbogen das Knie berührt. Anschließend berührt die rechte Hand hinten den angehobenen linken Fuß und die linke Hand den rechten Fuß. Dadurch können beidseitige Bewegungen besser koordiniert werden, man hört besser und das Verständnis von gesehenen und gehörten Informationen verbessert sich. Außerdem steigt die Ausdauer.

6. Die Aktive Situationssteuerung beleben

a. Hintergründe und Möglichkeiten

Aktive Situationssteuerung meint, Situationen einerseits zu akzeptieren, anderseits aber auch aktiv zu gestalten. Das bedeutet nicht, alles hinzunehmen, nur weil es gerade so ist, wie es ist.
Es geht darum, sich gegenüber der Realität zu öffnen und zu sehen, was nicht veränderbar ist und was verändert werden kann.
Für Führungskräfte bedeutet dies, Entscheidungen oder Strategien auch einmal zu hinterfragen und selbst zu bewerten, ob man sie vielleicht nicht verbessern kann oder ob man sie so hinnehmen muss, wie sie zurzeit sind.

Das Verhalten anderer kann ich von außen nur selten verändern, da gilt es dann auch Menschen so zu nehmen, wie sie sind und nur dort anzusetzen, worauf ich wirklich Einfluss habe.

Es geht darum, Gestalter einer Situation zu werden und nicht in die Opferrolle zu verfallen. Sie entscheiden selbst, ob Sie die Fäden in der Hand halten und selber ziehen oder ob am anderen Ende von anderen daran gezogen wird.

Außerdem sind das Leben an sich und auch die Arbeitswelt wechselhaft. Diese Tatsache sollte jede Führungskraft akzeptieren und nicht nur an alten Vorgehensweisen und „alten Zöpfen“ festhalten.

„Nichts ist so beständig wie der Wandel.“
Heraklit von Ephesus (etwa 540–480 v. Chr.)

Wenn ich als Führungskraft schon nicht an allen strategischen Entscheidungen mitwirken kann, so kann ich doch das Beste daraus machen, indem ich die Inhalte innerhalb des vorgefundenen Rahmens gestalte und mitbestimme.

Wenn ich die Mitarbeiter selbst nicht ändern kann, so sollte ich doch überlegen: Wo liegen bei jedem die Stärken, und wie kann ich sie für mich und das Unternehmen nutzbringend einsetzen? Es nützt nichts, sich immer wieder zu überlegen, was ein Mitarbeiter nicht kann und wie ich ihn dazu bringe, es doch zu können. Wenn ich den Schwerpunkt auf die Stärken lege, ist die Erfolgschance und die Nachhaltigkeit einer Veränderung deutlich höher.

Ein Motto für dieses Thema könnte sein:

„Du musst selbst zu der Veränderung werden, die du in der Welt sehen willst.“
Mahatma Gandhi (1869–1948)

Das Thema aktive Situationssteuerung beschreibt im Groben drei Schritte:

1. Akzeptanz der Situation oder der Krise oder des Konflikts,
2. Tatkraft entwickeln,
3. neues Verhalten generieren.

Akzeptanz im resilienten Sinne heißt annehmen, nicht gutheißen:

- Dinge annehmen, wie sie sind!
- Unabänderliches annehmen (Umweltbedingungen, politische Entscheidungen ...)
- Kann ich mich selbst annehmen?
- Kann ich mir Fehler eingestehen? Ich darf Fehler haben, ich bin okay mit meinen Ängsten, ich kann mir auch selber verzeihen

Das Motto könnte lauten: Kannst Du eine Bewegung nicht verändern, setze Dich an die Spitze.

b. Übungen zum Nachmachen

Love it, leave it or change it!

Hierbei geht es darum, sich alle Handlungsoptionen und ihre Auswirkungen bewusst zu machen und dann auf dieser Grundlage aktiv Entscheidungen zu treffen.

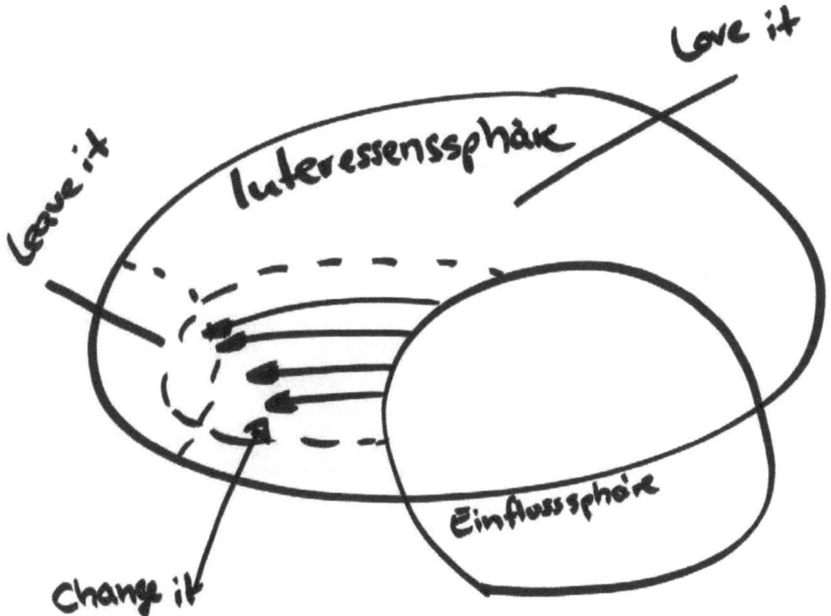

Erweitern Sie Ihre Einflusssphäre und fangen Sie an, Dinge zu ändern, die wichtig und störend für Sie sind.

In Grafik: Interessensphäre
Bitten notieren Sie sich die Themen, die Sie interessieren, die Sie aber derzeit aus Ihrer Sicht nicht beeinflussen können.

Tragen Sie für jedes Thema *in jede Spalte* mindestens eine alternative Handlungsoption ein.
Geben Sie für jede Option auch die damit verbundene Investition an, die Sie aufbringen müssten.

		Mögliche Handlungsoptionen			Investition (Zeit/Kosten/Kraft /…)		
	Thema	Change it	Leave it	Love it	Change it	Leave it	Love it
1							
2							
3							

Ein Beispiel:

		mögliche Handlungsoptionen			Investition (Zeit/Kosten/Kraft /...)		
	Thema	Change it	Leave it	Love it	Change it	Leave it	Love it
1	Ich reise viel und möchte nicht mehr reisen, aber meine Position und meine Firma verlangen das.	1: Ich plane meine Aktivitäten anders, lege Themen und auswärtige Termine besser zusammen 2: Ich mache mehr Telefonkonferenzen 3: Ich mache Videokonferenzen	1: Ich wechsle die Firma 2: Ich wechsledie Position innerhalb der Firma	1: Ich plane zu den beruflichen Terminen an den Orten auch private Aktivitäten 2: Ich erkenne, dass das Reisen mir viel an Erfahrung bringt, und schaue in die Zukunft.	zu 1: Es wird ein hoher Abstimmungsaufwand und ein hoher Planungsaufwand notwendig sein. Es könnte mir auch Ärger mit den Kollegen einbringen, weil ich dann nicht mehr so flexibel sein werde. Ich würde aber Kosten für die Firma sparen. zu 2: Ich habe weniger Kontakt zu den Personen. Ich würde Kosten sparen. Ich müsste viel Diskussion und Überzeugung bei den Kollegen einsetzen. zu 3: wie bei 2	zu 1: Ich würde meine sozialen Errungenschaften aufgeben. Ich würde ggf. umziehen müssen. Es könnte sein, dass ich keinen guten neuen Job bekomme. zu 2: Ich müsste mich evtl. in neue Themen einarbeiten. Ich würde vielleicht nicht mehr so viel Verantwortung haben. Ich würde bei den Kollegen als Versager dastehen.	zu 1: Ich nehme meine Frau häufiger einmal mit, und wir planen Wochenende nicht zu Hause zu verbringen. Das kostet zusätzlich Geld. Meine Frau/Kinder müssen damit einverstanden sein, es könnte zu Diskussionen kommen. Es bleibt weniger Zeit für die Freunde. zu 2: Ich schreibe mir alle neuen Erfahrungen (das Gewinnen von Menschenkenntnis, Verhandlungskenntnissen, Kulturkenntnissen; ...) auf und führe ein Tagebuch darüber, damit ich nichts vergesse.

Die Tabelle ist sicherlich nicht vollständig, aber sie soll zeigen, dass es immer mehrere Lösungswege gibt. Wenn ich alle gefunden und auch bewertet habe, kann ich für mich und aus der momentanen Sicht eine Entscheidung treffen, wie ich mit dem Problem, der Krise oder dem Konflikt umgehen werde. Es kann dabei auch herauskommen, dass ich nichts verändern möchte, aber auch das wäre meine aktive Entscheidung und somit nicht mehr die meiner Firma.

Übung: Tatkraft entwickeln

Eine Kausalanalyse beschreibt die Bereitschaft, ein Problem zeitlich und inhaltlich gründlich und treffend zu analysieren. Diese Fähigkeit hilft Menschen dabei, denselben Fehler nicht wieder und wieder zu begehen und nicht zu früh aufzugeben, also ihre Ressourcen nicht zu verschwenden. Dies trifft insbesondere dann zu, wenn Menschen auf der Basis dieser Analyse die Gründe für Erfolge und Misserfolge treffend einschätzen können. Wenn sich ein Mensch z. B. aufgrund eines für ihn typischen „Denkstils" immer die Schuld für einen Rückschlag gibt und gleichzeitig Erfolge immer auf den Zufall zurückführt, wird dies zu wenig Motivation und zu wenig positiven Gefühlen führen. *(Dr. Denis Mourlane)*

Zeichnen Sie eine Tabelle mit 4 oder 5 Spalten:

- Wie äußert sich das Problem?
- Was könnte die Ursache sein?
- Was könnte getan werden? (Möglichkeiten)
- Welche Hindernisse/Hemmnisse könnte es geben? (Sie können hier auch zwei Spalten machen, eine für die Hindernisse und eine für die Hemmnisse.)

Die Reihenfolge ist hier besonders wichtig:
Zuerst die Probleme, dann die Ursachen und erst dann zu den aufgeschriebenen Ursachen die Möglichkeiten. Erst nach den Möglichkeiten die Hindernisse.
Beantworten Sie die Fragen von links nach rechts und lassen Sie ausreichend Platz, um in jede Spalte verschiedene mögliche Strategien eintragen zu können. Die folgende Tabelle soll nur kleine Anregungen sein und ist selbstverständlich nicht erschöpfend.

Problem	Ursache	Was kann getan werden?	Was spricht dagegen?
Englischkenntnisse sind zu schlecht für die Projektaufgabe	Nie richtig gelernt	Kurs besuchen	Kosten für den Kurs
			Zeitaufwand für den Kurs
			Lust zu lernen
	Nie richtig gebraucht und daher vergessen	CD oder DVD nutzen um die Kenntnisse aufzufrischen	Kosten
			Zeitaufwand
			Lust

Folgende Aspekte sollten bei den oben gezeigten Analyseverfahren unbedingt berücksichtig werden:

- Nicht handeln ohne vorherige Situationsanalyse,
- Fern- und Nebenwirkungen im Auge behalten,
- Ablaufgestalt von Prozessen beachten,
- Gefahr des Methodismus: Man glaubt über die richtigen Maßnahmen zu verfügen, weil sich zunächst keine negativen Effekte zeigen und ich keine suchen will;
- Gefahr der Flucht in „Adhocismus" = auf sich zufällig ergebende Nachrichten sofort reagieren/sich ablenken und schwierige Probleme dafür fallen lassen,
- Gefahr der Verkapselung = sich in ein Detailthema verbeißen und dabei den Gesamtüberblick verlieren,
- Gefahr des Innovationsüberschusses = hilfloses Hin- und Herpendeln zwischen verschiedenen Problemaspekten und Lösungsansätzen anstatt Kontinuität,
- keine zynischen Reaktionen entwickeln.

Zum Umlernen und Lernen kann hier Folgendes gesagt werden: Die klassischen Wiederholungen funktionieren nur bis zum 25. bzw. maximal 30. Lebensjahr. Danach lernt das Gehirn am besten im Kontext, also im konkret situationsbezogen Umfeld, und/oder auch über Eselsbrücken.

7. Soziale Kompetenz steigern

a. Hintergründe und Möglichkeiten

Emotionale Intelligenz ist gerade in den letzten Jahren zu einem bedeutenden und viel diskutiertem Kriterium für erfolgreiches Miteinander im beruflichen und privaten Bereich geworden. Natürlich ist Fachwissen gefragt, doch letztlich hängt beruflicher Erfolg laut aktuellen Studienergebnissen zu 30 % vom persönlichen Auftreten und zu 60 % von den Kontakten und dem Verhältnis zu Vorgesetzten, Kollegen, Kunden und Mitarbeitern ab.

Wer hier über das nötige „Rüstzeug“ sozialer Kompetenzen verfügt, bewegt sich auch auf steinigen Wegen sicher und ist in der Lage, so manche Brücke zu seinen Mitmenschen zu schlagen. Klarheit über eigene Stärken und Schwächen, ein authentisches Auftreten sowie ein angemessenes Verhalten erleichtern nicht nur den beruflichen Aufstieg, sondern machen den Arbeitsalltag lebendiger.

Wie klingt für Sie die Frage: „Wie nützlich ist dieser Mensch für mich?“
Es kann sein, dass Sie jetzt sofort denken, es geht doch nicht darum, ob jemand etwas für mich tut oder nicht, ich kann dennoch einen engen und guten Kontakt zu diesem Menschen halten, auch wenn er nichts für mich tut.

Erweitern Sie das Wort „nützlich“ einfach einmal:

> Wobei hilft Ihnen dieser Mensch?
> Gibt er Ihnen Selbstvertrauen?
> Fühlen Sie sich für ihn verantwortlich?
> Können Sie ihm etwas beibringen und zeigen Sie ihm damit, was Sie alles können?
> Gibt er Ihnen das Gefühl, gebraucht zu werden?
> Bringt er Sie zum Lachen?
> Bringt er Sie zum Nachdenken?
> Ist er ein guter Zuhörer?
> Kann er Sie stützen, wenn Sie Hilfe brauchen?
> Unterstützt er Sie dabei, am Ball zu bleiben (z. B. im Sport)?
> ...

Diese Fragen lassen sich immer von zwei Seiten aus betrachten. Es gibt Menschen, die zwar nicht direkt etwas für uns tun, aber indirekt, indem wir uns gut dabei fühlen, wenn wir etwas für sie tun.

In der Sozialen Kompetenz geht es auch darum zu sehen, was ich anderen gebe und was andere mir geben. Es geht hier um das Thema Kontaktorganisation (Kontaktaufnahme, Kontakthalten und auch der Kontaktabbruch).

Ob wir in belastenden oder kritischen Situationen Kraft schöpfen können, wird entscheidend von unserem sozialen Umfeld bestimmt.

Wir werden von vielen Personen in unserem Leben geprägt und zu dem Menschen gemacht, der wir heute sind. Diese Personen sind:

- Eltern,
- Lehrer,
- Ausbilder,
- Freunde,
- Lebenspartner,
- Kinder,
- Kollegen,
- Kunden,
- Vorgesetzte.

Und nicht zuletzt durch die Beziehung zu uns selbst... (nehmen wir uns an; zweifeln wir an uns; ...)

Das Thema Soziale Kompetenz kann in mehrere Unterthemen gegliedert werden:

- soziale Kontakte nutzen,
- Konflikte bearbeiten,
- Beziehungen gestalten,
- Netzwerke bilden,
- Empathie zeigen,
- Emotionale Intelligenz,
- Persönlichkeitstypen erkennen.

b. Übungen zum Nachmachen

Übung: Mein Netzwerk erkennen

Die folgende Übung führt uns plastisch vor Augen, über welches Netzwerk wir verfügen.

Schritt 1: Visualisieren Sie Ihr gesamtes privates und berufliches Beziehungsnetzwerk in einem Schaubild. Tragen Sie auf einem Blatt Papier alle Menschen zusammen, die in Ihrem Leben von Bedeutung sind. Bezeichnen Sie den Anlass und den Inhalt der Begegnung.

Schritt 2: Übertragen Sie die Namen auf Moderationskarten. Finden Sie ein Symbol für die Qualität der Beziehung. Erfreut oder belastet Sie dieser Mensch, spendet er Ihnen Glück oder Kummer, verspüren Sie Stress, Entspannung oder Resignation oder erhalten Sie von ihm Unterstützung?

Schritt 3: Legen Sie nun alle Karten als Spiegel Ihrer gefühlten Beziehungsqualitäten auf dem Boden aus. Als Erstes platzieren Sie Ihre eigene Karte in der Mitte. Als Nächstes gruppieren Sie die einzelnen Personen um sich herum, ganz nach der wahrgenommenen Nähe beziehungsweise Distanz, die sich in Ihrer Beziehung ausdrückt.

Schritt 4: Begutachten Sie nun überblicksartig die einzelnen Beziehungen. An welchen Stellen trägt Sie Ihr Netzwerk und schenkt Ihnen einen zuverlässigen Lebensrahmen? Wo treten Irritationen oder Störungen auf, und wo sind die Verbindungen dünn oder brüchig? Fühlen Sie sich wohl mit der jetzigen Situation oder möchten Sie dieses Beziehungsgeflecht erweitern, verkleinern oder in der Qualität der Beziehungen ändern?

Gehen Sie in Ruhe all diesen Fragen und Aspekten nach und leiten Sie realistische Maßnahmen ab, um die Qualität des sozialen Netzwerks verbessern zu können.

Hier ein paar Tipps als Anregung, mit denen ein Netzwerk aufgebaut und gepflegt werden kann und die leicht umzusetzen sind *(aus Kaluza)*:

- jemandem Grüße ausrichten lassen,
- sich nach jemanden erkundigen,
- um Rat fragen,
- jemanden um einen kleinen Gefallen bitten,
- etwas von sich erzählen,
- sich für jemanden erreichbar halten,
- Regelmäßigkeiten aufbauen (z. B. jeden 3. Mittwoch im Monat, ...)
- an Geburtstage, Jubiläen o. Ä. denken,
- sich Anlässe für Kontaktaufnahmen merken und nach ihnen suchen,
- sich (fremden Personen) vorstellen,
- ansprechende Visitenkarten dabeihaben,
- jemanden direkt ansprechen und dabei offen und neugierig sein,
- jemanden loben,
- Komplimente machen,
- sich bedanken,
- einfach einmal eine Mail/Postkarte/SMS etc. verschicken, auch ohne Anlass,
- angenehme Nachrichten mit jemandem teilen,
- seine Hilfe anbieten,
- Interesse an anderen zeigen und bei ihnen aktiv nachfragen,
- zuhören.

Übung: Wie sieht mein eigenes Verhalten und insbesondere mein Gesprächsverhalten aus?

Stellen Sie sich doch einmal folgende Fragen:

- Lasse ich die anderen ausreden?
- Stelle ich interessierte Fragen?
- Kann ich anderen gut zuhören?
- Nehme ich die Meinungen auch Andersdenkender ernst?
- Formuliere ich Dinge positiv?
- Beachte ich in den Gesprächen auch die Gefühlsebene/Beziehungsebene?
- Leiste ich durch meine Gespräche einen Beitrag zu einem positiven Klima?
- Bin ich ehrlich?
- Bleibe ich sachlich?
- Kann ich konstruktive Kritik üben?

Diese Fragen und ihre Beantwortung sollen Ihnen helfen, darüber zu reflektieren, ob Sie in Gesprächen auch soziale Kompetenz zeigen.

Hier ein paar Verhaltensweisen und ihre positiven und negativen Aspekte:

Sie üben Druck aus.	Besser ist:	Sie versuchen zu überzeugen.
Sie greifen andere persönlich an.	Besser ist:	Sie stellen das Problem in den Mittelpunkt.
Sie legen sich bei Ihrer Meinungsbildung zu früh fest.	Besser ist:	Sie sind für überzeugende Argumente weiterhin offen.
Sie versuchen, selbst zu gewinnen und den anderen zu unterdrücken.	Besser ist:	Sie suchen einen gemeinsamen Weg zur Lösung des Problems.
Sie sind auf bestimmte Positionen festgelegt.	Besser ist:	Sie bekunden auch für andere Sichtweisen Interesse.
Es gibt für Sie nur ein Entweder-oder, die Möglichkeiten sind begrenzt.	Besser ist:	Es gibt für Sie ein „Mehr“ oder ein „Weniger“, also eine breite Palette an Möglichkeiten.
Sie versuchen den Willen des anderen zu brechen.	Besser ist:	Sie versuchen den anderen mit Sachargumenten zu überzeugen.
Sie setzen den anderen unter Druck und lassen ihm keine Rückzugsmöglichkeiten.	Besser ist:	Sie kommen dem anderen entgegen, sodass er ohne Gesichtsverlust seine eingenommene Position verändern kann.

8. Zielorientierung ausbauen

Wenn der Wind des Wandels weht, dann bauen die einen Schutzmauern und die andren Windmühlen. (Chinesisches Sprichwort)

a. Hintergründe und Möglichkeiten

Die Orientierung an bestimmten Zielen schafft motivationale Systeme, die mit qualitativen Unterschieden zusammenhängen, und zwar

- in der Selbstbewertung (z. B. Definition von Erfolg),
- in der Informationsverarbeitung (z. B. Einholen von Feedback),
- in der Selbstregulation beim Lernen (z. B. Aufschiebeverhalten).

Ein Ziel ist ein Zustand, den ich erreichen möchte. Zielorientierung bedeutet, dass ich mein Denken und Handeln auf diesen gewünschten Zustand hin ausrichte. Eine gute Zielorientierung ist, wenn ich mein Vorhaben so effizient in die Tat umsetze, dass ich den gewünschten Zustand möglichst direkt (das muss nicht gleichzeitig bedeuten möglichst schnell) erreiche.

Bereits in den 1960er Jahren fand der Psychologe Edwin A. Locke von der University of Maryland durch zahlreiche Befragungen und Interviews unter Arbeitnehmern heraus, dass Ziele, die konkret und spezifisch (SMART) formuliert werden, besonders leistungsfördernd wirken und die Zufriedenheit erhöhen.

In seiner Studie zeigte sich, dass die klare Vorgabe: „Erhöhen Sie den Umsatz um 10 % bis zum Ende des Jahres“ wesentlich mehr bewirkte als eine unkonkrete Aussage wie: „Geben Sie Ihr Bestes.“

Das gilt auch für andere Lebensbereiche: „Jeden Tag 5 km joggen“ ist vielversprechender als „Mehr Sport treiben“.

Die Gründe, warum die SMART (SMART-Formel siehe weiter unten) formulierte Ziele besser erreichbar sind als die zu vage formulierten Ziele, liegen darin, dass die „SMARTEN“ Ziele

- die Aufmerksamkeit stärker auf das Ziel richten und
- konkrete Formulierungen sich besser überprüfen lassen, so dass kurzfristige Gegenmaßnahmen möglich werden.

Die Folge ist, dass durch die verstärkte Aufmerksamkeit und die gute Überprüfbarkeit sowohl die Motivation als auch das Durchhaltevermögen eines Menschen gefördert wird.
Erfolg wäre somit – in gewissen Grenzen – beeinflussbar und somit planbar!

Das bedeutet für das Thema Resilienz: klare Ziel formulieren, wenn ich ein Aufgabe oder eine Krise meistern will.

Es geht also auch um Themen wie

- Fokussieren lernen,
- Zukunft gestalten wollen,
- Lösungsfindungen optimieren,
- Visionen/Wünsche verfolgen können,
- Erfahrungen nutzen und einsetzen,
- Entscheidungen treffen können.

b. Übungen zum Nachmachen

Ziele konkret und messbar formulieren durch GROW oder SMART

GROW-Ziele

Goal – *Ziel*

Was wollen Sie erreichen?
Welches Ergebnis erwarten Sie aufgrund Ihrer möglichen Handlungen?
Welchen Schwerpunkt wollen Sie setzen?
Welche Situation müsste erreicht werden, damit Sie zufrieden sind?
Wie messen Sie, ob Sie Ihr Ziel erreicht haben?

Reality – Wirklichkeit

Wie ist die jetzige Situation? Warum ist sie problematisch?
Wie viel Einfluss und Kontrolle haben Sie momentan auf die Situation?
Was haben Sie bisher unternommen? Warum hat es funktioniert oder nicht funktioniert?
Was hat Sie davon abgehalten, mehrere oder andere Dinge auszuprobieren?
Was sind die Konsequenzen, wenn die Lösung nicht gelingt?
Wer ist betroffen? Was tun die anderen? Wie wichtig sind die anderen, um eine befriedigende Lösung zu erreichen?

Options – Alternativen

Welche Alternativen haben Sie? Wie sähe eine Liste Ihrer Handlungsoptionen aus?
Welche Vor- und Nachteile haben die unterschiedlichen Optionen?
Wie einfach oder schwierig sind diese Optionen für Sie umzusetzen?
Haben die verschiedenen Optionen unerwünschte Effekte?
Welche Option bietet Ihnen die größte Zufriedenheit?

Will – Wille/Wunsch

Was werden Sie tun?
Woran erkennen Sie, dass es erfolgreich ist?
Wer sind die wichtigsten Beteiligten, die Einfluss auf das Endergebnis haben? Wie werden diese Personen in Ihren Plan einbezogen? Wer muss worüber informiert werden?
Welche eventuellen Hindernisse bestehen?
Wie fühlen Sie sich selbst bei dem Gedanken, diese Option auszuführen (selbstsicher, ängstlich, zweifelnd, begeistert ...)?

Ziele SMART formulieren

S pezifisch: Das Ziel bezieht sich auf einen bestimmten Bereich, ist klar abgegrenzt und ist möglichst interpretationsfrei. Wenn jemand das Ziel hört, weiß er direkt, worum es geht.

M essbar: Das Ziel enthält Messkriterien, anhand derer erkannt werden kann, dass das Ziel erreicht wurde (Termine, Messgrößen, Vergleichsgrößen, …).

A kzeptabel: Das Ziel soll bejaht werden können.

R ealistisch: Das Ziel muss allerdings nicht unbedingt sehr komfortabel erreichbar sein, sondern es kann auch realistisch-sportlich sein.

T ermingebunden: Zur einer Zielformulierung gehört immer ein Termin, damit alle Beteiligten wissen, wann der Zeitpunkt gekommen ist, um die Zielerreichung zu überprüfen.

Ein Beispiel:
Viele Menschen setzen sich das Ziel: Ich mache in Zukunft mehr Sport. Hier die SMART-Version: Ich gehe ab Dienstag nächster Woche (hier könnte auch ein Datum stehen) 2 x die Woche für jeweils min. 30 Minuten walken. Das gilt erst einmal für 3 Monate.

Vielleicht wollen Sie Ziele aber auch anders erreichen. Hier eine andere Art, wie Sie Ziele neu einüben oder erreichen können.

Übung: Verhaltensweisen neu einüben (aus: Jutta Heller, Resilienz, 7 Schlüssel ...)

Wählen Sie eine Situation aus, in der Sie sich gerne anders als bisher verhalten möchten.
Wie sieht das zu verändernde Verhalten aus?
Welche Idee haben Sie, wie Sie sich stattdessen verhalten wollen?

1. Platzieren Sie die Situation im Raum – legen Sie eine Moderationskarte oder ein DIN-A-4-Blatt an diese Stelle.
2. Überlegen Sie, welche Person (hier nur imaginär), die Sie kennen, sich genauso verhält, wie Sie es sich von sich wünschen.
3. Stellen Sie sich vor, wie Ihr Vorbild sich in dieser Situation verhalten würde. Beobachten Sie Ihr Vorbild, prüfen Sie, ob das Verhalten für Sie passend wäre. Wenn Ihnen das Verhalten noch nicht ganz gefällt, dann geben Sie Ihrem Vorbild Regieanweisungen, bis das Verhalten für Sie stimmig ist.
4. Steigen Sie nun gedanklich selbst wieder in die Situation ein. Stellen Sie sich dafür auf das Blatt Papier oder die Moderationskarte und schlüpfen Sie einfach in die Haut des Anderen. Proben Sie dessen Verhaltensweisen, spielen Sie gedanklich die Situation in der neuen Art und Weise durch. Nehmen Sie wahr, wie überraschend gut sich das neue Verhalten für Sie anfühlt und wie positiv die anderen Menschen auf Sie reagieren.
5. Nehmen Sie einen Schritt Abstand von der Situation. Prüfen Sie, ob Sie das neue Verhalten wirklich übernehmen wollen oder ob es zu unangenehmen Konsequenzen führen könnte – gegebenenfalls modifizieren Sie das Verhalten noch ein wenig, bis es richtig passt.

6. Integrieren Sie abschließend das neue Verhalten in das eigene. Nehmen Sie symbolisch das neue Verhalten in sich auf – vielleicht indem Sie eine Hand auf Ihr Herz legen (Sie können auch eine anderes rituelle Geste wählen).
7. Finden Sie sich, wie ein Schauspieler, der komplett in seiner Rolle aufgeht, in Ihre neue Verhaltensweise hinein.

Wichtig ist: Bleiben Sie Sie selbst, aber Sie gewinnen neue Verhaltensmöglichkeiten.

Übung: Ermittlung Ihrer speziellen Stärken mit Hilfe der PAR-Analyse
Anleitung zur PAR-Analyse (Quelle: www.lernwerkstatt.ch)

Analysieren Sie bitte Ihre berufliche oder private Situation. Sicher haben Sie Dinge erreicht, auf die Sie stolz sind, entweder weil die Aufgabe schwierig war oder weil Ihre Lösung besonders hervorragend oder erfinderisch war. Wählen Sie 1 bis 3 dieser Fälle aus und gehen Sie nach der PAR-Methode folgendermaßen vor:

P = Problemsituation

Stellen Sie eine Problemsituation, mit der Sie konfrontiert waren, in höchstens drei Sätzen möglichst dramatisch, klar, prägnant und ohne Fachjargon dar. Notieren Sie nur die wichtigsten Punkte. Wählen Sie Ereignisse aus, die nicht nur gut zu erzählen, sondern für Sie auch von Nutzen sind.

Ein fremder Leser soll denken: „Um Himmels willen, was hätte ich da gemacht, wie wäre ich bloß mit diesem Problem fertig geworden?“, und er soll neugierig auf die Lösung des Problems werden.

A = Aktion

Versuchen Sie in knapper Form, die Aktion darzustellen, die Sie zur Lösung des Problems gewählt haben. Wählen Sie aktive Verben und beschreiben Sie in der Ich-Form, was Sie getan haben, um das Problem zu lösen.

Jetzt soll der fremde Leser denken: „Donnerwetter, das muss einem erst einmal einfallen. Das scheint ja wirklich die plausibelste, sauberste und überzeugendste Lösung zu sein.“

R = Resultat

Schildern Sie das Resultat Ihrer Aktion. Wenn Sie das Problem und vor allem die Aktion richtig dargestellt haben, können Sie sich jetzt ganz kurz fassen.

Jetzt soll der Leser denken: „Ist doch klar, dass damit das Problem – und noch dazu so elegant und souverän – aus der Welt geschafft wurde.“

Abgeleitete Stärken

Listen Sie alle Fähigkeiten auf, die Sie zur Lösung des Problems eingesetzt haben.

Beispiel aus dem Beruf

Problemsituation:

Ein Kunde (unserer Werbeagentur) aus dem Medizinbereich kam mit dem Problem auf mich zu, dass sein Umsatz mit dem Schmerzmittel xy dramatisch rückläufig war. Zusätzlich war das Budget, das er für die Werbeaktion zur Verfügung hatte, sehr gering. Gleichzeitig hatte ich von der Presse ein Angebot: 50 Prozent Rabatt auf Inserate, die mit einem kommenden Feiertag thematisch und zeitlich verbunden sind.

Aktion:

Ich schlug dem Kunden vor, ein aktuelles Inserat zum kommenden Feiertag aufzugeben mit dem Slogan: „An Ostern will ich kein Kopfweh haben!“

Resultat:

Erster Preis der betreffenden Zeitung für die beste Schwarz-Weiß-Anzeige,
Bekanntheitsgrad des Produkts gesteigert,
Beitrag zum guten Ruf der Agentur geleistet aufgrund der eigenen Kreativität.

Abgeleitete Stärken:

Kreativität,
Eigeninitiative,
unternehmerisches Denken und
Mut.

9. Verantwortung übernehmen

a. Hintergründe und Möglichkeiten

Sie als Mensch sind für sich selbst verantwortlich.
Sie müssen Entscheidungen treffen, für die sie selbst verantwortlich sind.
Sie müssen Verantwortung übernehmen.
Sie müssen aktiv werden.

Verantwortung für das eigene Leben zu übernehmen bedeutet aufzuhören, Anderen, den Umständen oder unserer Vergangenheit die Schuld für unsere Probleme zu geben.

Es sind unsere Denk- und Lebensweisen, die zu unserem Gefühlszustand führen. Nur wir können deshalb etwas an unserem Umstand und unserem „Glücksgefühl" ändern. Wenn wir aber denken, andere hätten die Schuld für diese Umstand, in dem ich mich zur Zeit befinde, denken wir auch, wir könnten nichts tun.
Wir sollten die Verantwortung für unsere Grenzen, aber auch die Akzeptanz für die Grenzen anderer sowie die Verantwortung für die Situation übernehmen.

Es fängt im Allgemeinen damit an, dass wir nicht klar genug formulieren, was wir wirklich wollen. Häufig formulieren wir indirekt und damit für den anderen unklar. Wir sind dann enttäuscht, dass der andere nicht so handelt oder entscheidet, wie wir das gern gehabt hätten, und geben dem anderen dafür die Schuld: Der hat mich falsch verstanden, der versteht mich gar nicht.

Keine Verantwortung für sich und sein Leben zu übernehmen kann sich auch darin zeigen, keine Entscheidungen treffen zu wollen. Ich überlasse die Entscheidung gerne einem anderen, damit ich keine falsche Entscheidung treffe.

Selbst wenn Sie keine Entscheidung treffen, dann ist das auch eine Entscheidung, die aber häufig für Sie nicht positiv ist, da ein anderer eine Entscheidung trifft, auf die Sie keinen Einfluss nehmen konnten.

Jede Entscheidung stellt eine Wahl zwischen Alternativen dar. Welche Alternativen in Betracht kommen und wie sie zu bewerten sind, ergibt sich aus den Entscheidungszielen. Diese Ziele sollte ich vorher klar benennen. Es kann ein qualitatives Ziel oder auch ein quantitatives Ziel sein (Kosten, Qualitäten, Zeiten). Die Realität zeigt eine außerordentliche Vielfalt an Alternativen, die eine sehr unterschiedliche Relevanz haben können. Um den Entscheidungsvorgang zu objektivieren, ist es nötig, die Entscheidungskriterien deutlich herauszuarbeiten und die Alternativen miteinander zu vergleichen, womöglich in quantifizierender Weise.

Sie sollten sich auch bewusst machen, welche Art von Entscheidung sie eigentlich fällen:

Unumkehrbar
Die Entscheidung kann von Ihnen nicht mehr so leicht zurückgenommen werden, beispielsweise ein Vertragsabschluss.

Umkehrbar
Ihre getroffene Entscheidung kann zurückgenommen werden, vor, während oder nach der vereinbarten Aktion.

Experimentell
Die getroffene Entscheidung ist nicht endgültig, bis die ersten Ergebnisse vorliegen und diese als befriedigend eingestuft werden.

Empirisch
Die Entscheidung wird mit dem Wissen getroffen, dass potenzielle Ereignisse eine Änderung der Pläne erfordern kann.

Stufenweise
Nachdem die ersten Realisierungsschritte erfolgt sind, folgen weitere Entscheidungen.

Bedingt
Ihre getroffene Entscheidung wird unter Umständen verändert. Ihnen bleiben so mehrere Möglichkeiten offen.

Außerdem helfen folgende Fragen, sich der Entscheidungsfindung zu nähern.

- Was passiert, wenn nichts passiert?
- Wie schnell muss reagiert werden? Was würde passieren, wenn nicht oder zu langsam reagiert wird?
- In welchen überschaubaren Schritten kann die Entscheidung getroffen werden?
- Welche Einzelentscheidungen sind möglich?
- Binden sie sich mit der getroffenen Entscheidung unwiderruflich?
- Was passiert, wenn ein Fehler passiert?
- Wann und wie könnten Fehler korrigiert werden?

Folgende Themen sind bei dem Thema „Verantwortung übernehmen“ noch zu berücksichtigen:

- die Verantwortung für sich selber im Fokus haben,
- die Verantwortung für andere nicht außer Acht lassen,
- die Verantwortung für die Situation mit einbeziehen.

Es gibt nur wenige Misslichkeiten in dieser Welt, die sich nicht in einen persönlichen Triumpf umkehren lassen, wenn man einen eisernen Willen und das nötige Geschick besitzt. Was die Menschen voneinander unterscheidet, ist nicht das, was wir mit auf den Weg bekommen haben, sondern das, was wir daraus machen.
(Nelson Mandela in „Weisheit“, 2009, S. 112)

Resiliente Menschen haben eine besondere Begabung, Handlungsspielräume zu erkennen und aktiv zu werden. Sie klagen nicht lange darüber, was nicht geht, sondern nutzen jegliche Möglichkeit, die sich ihnen bietet, das Beste aus der Situation herauszuholen. Bei Themen, auf die sie keinen Einfluss haben, lassen sie innerlich los und verschwenden keine Energie mit nutzlosen Gedanken über das Für und Wider.

b. Übungen zum Nachmachen

Die Transaktionsanalyse zur Selbstreflexion

Nach Thomas Harris lassen sich unsere Lebensanschauungen in vier Kategorien einordnen:

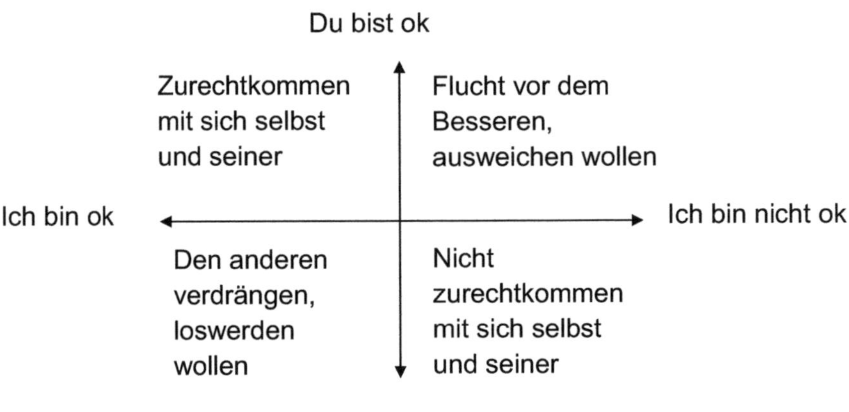

Du bist nicht ok

Die vier Lebensanschauungen
(nach Thomas A. Harris)

1. Ich bin okay – Du bist okay
   Bewusst gewählte Lebenseinstellung, oft erst nach vielen Erfahrungen.
   Erkenntnis:
   Für mich sind alle Menschen wichtig, deshalb komme ich mit meiner Umwelt aus.
   Gesundes Maß an Selbstbehauptung: Ich weiß, was ich wert bin.

2. Ich bin okay - Du bist nicht okay
   Erkenntnis: Ich will mit anderen nichts zu tun haben, weil ich besser bin als die anderen, ich fühle mich überlegen.
   Bei Schwierigkeiten suchen Menschen mit dieser Einstellung die Schuld immer bei anderen.

3. Ich bin nicht okay – Du bist okay
   Diese Einstellung haben die meisten Menschen. Sie ist oft geprägt durch Erfahrungen in der Kindheit und die Erziehung – weniger durch die Erfahrungen der jüngsten Vergangenheit.
   Menschen mit dieser Einstellung fühlen sich anderen gegenüber unterlegen. Sie geben leicht auf.

4. Ich bin nicht okay – Du bist nicht okay
   Diese Menschen erleben alles als sinnlos. Sie sind verzweifelt und haben keine Hoffnung. Resignation macht sich in ihnen breit.
   Diese Menschen tun nur noch das, was ausdrücklich von ihnen verlangt wird.

Denken Sie einmal darüber nach, welche Denkweise bei Ihnen vorherrscht oder in welcher Situation Sie in welche Denkweise fallen. Sie können sich damit Ihr Denken und Handeln bewusst machen und damit eine bewusste Entscheidung für ein neues Denken und Handeln einleiten.

Veränderungen erfolgreich gestalten:
Wie oft haben Sie sich schon Dinge vorgenommen, die Sie wirklich wollten? Sie wollten abnehmen, das Rauchen aufgeben, mehr Sport treiben, sich mehr Zeit für sich und die Familie nehmen, sich weniger ärgern und aufregen, häufiger mal ausspannen, nicht mehr so viel streiten u.v.m.

Diese oder andere Veränderungen wollten Sie wirklich aus innerster und tiefster Überzeugung umsetzen. Und was war das Ergebnis? Meist haben Sie nicht lange durchgehalten und sind schnell wieder in den normalen und vertrauten Modus gewechselt.

Der Grund hierfür liegt in unserem Gehirn und dem limbischen System.

Eine Veränderung dauerhaft erfolgreich zu integrieren gelingt nicht über innere Befehle (ich muss jetzt aufhören zu rauchen!) oder innere Einsicht (Rauchen ist ungesund!), da ich hierdurch lediglich die bewussten und rationalen Ebenen anspreche. Eine erfolgreiche Veränderung funktioniert nur über Vorbildfunktion, Einfühlungsvermögen, Glaubwürdigkeit und eine individuelle Belohnungsstrategie. Nur darüber erreiche ich die limbische Ebene.

Was uns bleibt, um das limbische System zu erreichen und zu verändern, ist die Selbstmotivation.

Im Wesentlichen gibt es 4 Möglichkeiten der Selbstmotivation:

1. Vorbilder oder Idole suchen
Suchen Sie sich einen Menschen, der einmal in einer ähnlichen Situation war und es dennoch geschafft hat: einen Kollegen, einen Vorgesetzten, einen Freund oder eine Person des öffentlichen Lebens. Eifern Sie dieser Person nach. Fragen Sie sich: „Was kann der, was ich nicht auch schaffen könnte?" und geben Sie sich die Antwort: „Nichts!"

2. Ziele setzen
Setzen Sie sich klare und eindeutige Ziele. Was will ich wann, wie und mit welchen Maßnahmen erreichen? Am besten funktioniert dies, wenn Sie Ihr Ziel in einem Bild zum Ausdruck bringen können.
Diese Vorgehensweise funktioniert aber nicht per einmaligen Willensakt, sondern muss durch tägliche, sich wiederholende Übungen verinnerlicht und dann mittel- bis langfristig automatisiert werden. Man spricht hier von anhaltender Selbstkonditionierung.

3. Kleine Schritte
Stecken Sie sich Teilziele. Durch diese Strategie der kleinen Schritte verschaffen Sie sich selbst häufiger Erfolgserlebnisse, die Sie bestärken und Ihnen Mut machen.

4. Selbstbelohnung
Belohnen Sie sich selbst mit einer Kleinigkeit, wenn Sie Ihre Vorgaben erreicht haben.

III. Resilientes Führen der Mitarbeiter

1. Was kann ich tun, um Mitarbeiter zu stärken?

a. Vertrauen aufbauen

Nach Stephen M. R. Covey (Buch: „Schnelligkeit durch Vertrauen“) gibt es 13 Verhaltensweisen, mit denen man Vertrauen aufbauen kann:

Die ersten fünf betreffen den Charakter:

1. Seien Sie ehrlich und offen, auch wenn das Aussprechen einer Wahrheit manchmal wehtut. Faktenmanipulation, Halbwahrheiten und Missverständnisse machen argwöhnisch, Lügen und Täuschungen zerstören Vertrauen. Natürlich soll die Offenheit kein Freibrief für Taktlosigkeiten sein.

2. Zeigen Sie Respekt und Anerkennung, auch für Kleinigkeiten. Respekt ist nicht nur eine Sache der guten Kinderstube, sondern ein Führungsinstrument par excellence – eine positive Investition in jede Art von menschlicher Beziehung. Schließlich trägt jeder Mitarbeiter zum Ergebnis bei, und Anerkennung ist die beste Motivation.
3. Stellen Sie Transparenz her. Das bedeutet, Entscheidungen und Entscheidungsmotive offenzulegen und damit anderen das Herumrätseln zu ersparen. Die berühmte Besprechung nach der Besprechung ist eine unnötige Zeit- und Energieverschwendung. Hegen Sie keine geheimen Absichten und enthalten Sie anderen keine Informationen vor.
4. Geben Sie Fehler zu. Machen Sie ein Malheur so schnell wie möglich wieder gut, um den Vertrauensschaden zu reparieren. Eine Entschuldigung ist das Mindeste. Kunden können Sie mit einer neuen, fehlerfreien Lieferung zufriedenstellen, evtl. verbunden mit einem Gutschein für spätere Leistungen. Fehler nicht zuzugeben oder vertuschen zu wollen, zerstört das Vertrauen. Auf der politischen Ebene zeigte der Watergate-Skandal im Großformat, wohin das führt.
5. Seien Sie loyal gegenüber allen Ihren Mitarbeitern. Auch das drückt sich in Lob und Anerkennung aus. Verzichten Sie darauf, über andere in deren Abwesenheit herzuziehen. Das würde Ihr Vertrauen untergraben. Müssen Sie in Konfliktfällen Kritik üben, stellen Sie das Positive heraus, nicht das Negative.

Fünf weitere Verhaltensregeln betreffen Ihre Kompetenzen, Fähigkeiten und Ergebnisse:

6. Definieren Sie Ihre Erwartungen klar. Auf die Ergebnisse kommt es an, nicht bloß auf Aktivitäten und Bemühungen. Hüten Sie sich davor, zu viel zu versprechen; sobald Sie etwas nicht einhalten können, verlieren Sie Vertrauen. Sie müssen sich auch bemühen, Mitarbeitererwartungen und Kundenwünsche zu erkennen, um stillschweigende Hoffnungen nicht zu enttäuschen.
7. Lernen Sie aus Fehlern. Sie sollten sich nicht zu schade sein, Feedback einzuholen, dazuzulernen und sich laufend zu verbessern. In der dynamischen Wirtschaftswelt ist Stillstand gleich Rückschritt. Bedanken Sie sich für konstruktive Kritik: Das schafft Vertrauen.

8. Stellen Sie sich der Realität. Sie dürfen nicht erwarten, dass Probleme sich von selbst lösen. Jede Art von Konflikt oder Schwierigkeit zehrt am Vertrauen, wenn man das Problem schönredet oder feige zu umgehen versucht.
9. Zeigen Sie Verantwortungsbewusstsein. Klar formulierte Erwartungen ziehen Pflichten nach sich. Wenn Sie Erwartungen nicht erfüllen, führt dies zu Vertrauensverlust.
10. Nehmen Sie andere in die Pflicht und übertragen Sie ihnen die dafür nötige Verantwortung. Indem Sie selbst Verantwortung übernehmen, sind Sie das beste Vorbild in Sachen Pflichterfüllung.

Die drei letzten Verhaltensregeln betreffen sowohl Charakter als auch Kompetenzen:

11. Hören Sie anderen zu. Damit schaffen Sie eine Vertrauensbasis. Sie vermeiden Missverständnisse und falsche Erwartungen und fördern den gegenseitigen Respekt. Vor allem aber erfahren Sie, was Ihre Kunden wollen. Achten Sie auf die Körpersprache – die sagt oft ebenso viel wie Worte.
12. Geben Sie Zusagen ab. Mit nichts können Sie Vertrauen schneller aufbauen als mit Versprechen, die Sie einhalten. Ebenso schnell können Sie es zerstören, wenn Sie wortbrüchig werden. Versprechen Sie deshalb nur das Machbare. Wenn sich Schwierigkeiten abzeichnen, reagieren Sie sofort. Geraten zwei Versprechen in Konflikt, halten Sie dasjenige ein, das langfristig die bedeutenderen Auswirkungen hat.
13. Schenken Sie Anderen Vertrauen. Das ist eine Führungsqualität, die sich in jeder Hinsicht auszahlt. Argwohn, Misstrauen und der daraus resultierende Kontrolldruck verursachen immense Kosten.

b. Optimismus und Fehlerkultur erweitern

Optimisten leben nicht nur länger, sie sind i. d. R. auch erfolgreicher. Laut Seligmann werden Pessimisten bei negativen Erlebnissen mit einer achtmal größeren Wahrscheinlichkeit depressiv als Optimisten.

Pessimisten neigen auch dazu, zu glauben, dass ihre Probleme und Sorgen nie enden werden. Optimisten hingegen haben die Fähigkeit zu erkennen, dass ein negatives Erlebnis vorübergehend ist und es nur für den jeweiligen Fall zutrifft, und übertragen es nicht auf andere Lebensbereiche.
Es geht hierbei darum, die Stärken des anderen zu stärken und den Fokus auf sie zu richten.

Wie aber finden wir heraus, über welche Stärken ein Mensch tatsächlich verfügt und wie können wir sie dann fördern? Um diese Frage zu beantworten, müssen wir erst einmal herausfinden, wie Stärken entstehen.

Wie uns die Erkenntnisse der Gehirnforschung bestätigen, sind unsere Stärken und Talente tief in unserem Gehirn verankert.

George Gallup, Gründer der „Gallup Organization", eines der weltweit führenden Markt- und Meinungsforschungsinstitute, beschreibt dies so: „Menschen sind weniger veränderbar, als wir glauben. Versuchen Sie nicht etwas hinzuzufügen, was die Natur nicht vorgesehen hat. Versuchen Sie herauszuholen, was in Ihnen steckt. Das ist schon schwierig genug!"

Um herauszufinden, welche Stärken und Talente in einem Menschen schlummern, gibt es inzwischen eine ganze Reihe von Tests.

Aber Vorsicht, Sie sollten Folgendes berücksichtigen: „Ein Talent für sich alleine ist weder gut noch schlecht – erst die individuelle Kombination der Talente führt zu hervorragenden Höchstleitungen."
Stärken sind also eine Kombination aus Talent, Fähigkeiten und Wissen. Es gehört aber auch Energie und der Wille dazu diese Talente auch zu nutzen.

Was hat das ganze nun mit Optimismus und Fehlerkultur zu tun?
Es geht um den Flow. Ein Flow ist eine länger andauernde Euphorie – eine Form von Glück, auf das man Einfluss hat.
Die idealen Rahmenbedingungen für einen Flow sind dann gegeben, wenn Anforderungen, Fähigkeiten und Zielklarheit dazu führen, dass man in der Tätigkeit „aufgeht". Wir versinken in der Arbeit und vergessen die Zeit.

Unternehmen können das in drei Profile einteilen, um den Mitarbeitern transparent zu kommunizieren, was sie wollen und erwarten:

Aufgabenprofil:
Was ist zu tun?
Anforderungsprofil:
Was muss jemand können, damit er die Aufgaben erledigen kann?
Kompetenzprofil:
Was sind die individuellen Fähigkeiten des jeweilige MA?

Unternehmen, die sich Spitzenleistungen von ihren Mitarbeitern wünschen, sollten zusätzlich auf Folgendes achten:

- Mitarbeiter müssen wissen, wofür sie arbeiten.
- Es muss Freiräume für Kreativität geben.
- Fehler müssen erlaubt sein.
- Jeder Chef sollte seinen Mitarbeitern das Gefühl geben, dass er für das Unternehmen wichtig ist.

Die Frage, ob Mitarbeiter unter Rahmenbedingungen arbeiten, unter denen ein Flow möglich ist, lässt sich mit einem Test der „Gallup Organization“ sehr schön ermitteln.

Die zwölf Aussagen (Q12™)

- Ich weiß, was bei der Arbeit von mir erwartet wird.
- Ich habe die notwendigen Materialien und die Arbeitsmittel, um meine Arbeit richtig zu machen.
- Ich habe bei der Arbeit jeden Tag Gelegenheit, das zu tun, was ich am besten kann.
- Ich habe in den letzten sieben Tagen für gute Arbeit Anerkennung und Lob bekommen.
- Mein Vorgesetzter interessiert sich für mich als Mensch.
- Bei der Arbeit gibt es jemanden, der mich in meiner Entwicklung fördert.
- Bei der Arbeit scheinen meine Meinungen und Vorstellungen zu zählen.
- Die Ziele und die Unternehmensphilosophie meiner Firma geben mir das Gefühl, dass meine Arbeit wichtig ist.
- Meine Kollegen haben einen inneren Antrieb, Arbeit von hoher Qualität zu leisten.
- Ich habe einen guten Freund/eine gute Freundin innerhalb der Firma.
- In den letzten sechs Monaten hat jemand in der Firma mit mir über meine Fortschritte gesprochen.
- Während des letzten Jahres hatte ich bei der Arbeit Gelegenheit, Neues zu lernen und mich weiterzuentwickeln.

Auf Basis dieses Tests werden jährlich weltweit tausende von Menschen befragt, und es wird für viele Länder der in seiner Form einzigartige „Engagement-Index“ ermittelt. Für Deutschland fällt dieser Index sehr erschreckend aus.

Eine offene und konstruktive Fehlerkultur im Team und auch im Unternehmen bringt Mitarbeiter in ihrer Entwicklung voran und lässt sie optimistischer denken und handeln. Sie als Führungskraft tragen dazu bei, dass Vertrauen im Team entsteht und niemand Angst davor haben muss, Fehler zu machen. Schauen Sie bei Fehlern nach vorn, suchen Sie nach Lösungen und keine Schuldigen.

c. Kreativität fördern

„Kreativität ist die Fähigkeit, Wissen und Erfahrungen aus verschiedenen Lebens- und Denkbereichen unter Überwindung verfestigter Struktur- und Denkmuster zu neuen Ideen zu verschmelzen." So sieht es die Deutsche Gesellschaft für Kreativität.

Damit Kreativität möglich ist, ist es notwendig, dem Gehirn freien Lauf zu lassen. Die Lust, Neues zu schaffen, ist ein Urtrieb des Menschen, der sich aber nur dann entfalten kann, wenn er nicht durch starre Normen und Richtlinien eingeschränkt wird.

Eine weitere wichtige Voraussetzung für kreative Prozesse ist: Lassen Sie unerwartete Herausforderungen und Provokationen zu. Provozieren bedeutet in erster Linie in Frage stellen, kritisch bleiben.

Wie können Sie nun dazu beitragen, die Kreativität im Team und im Unternehmen zu erhöhen?

Sie müssen folgende Rahmenbedingungen schaffen:

- keinen Druck aufbauen oder Angst erzeugen
- Die Produktivität sollte im Vordergrund stehen, nicht die Nutzung der Ressource. Das heißt auch, nicht allein auf die Arbeitszeit zu achten, die jemand ableistet, sondern auch auf den Nutzen, den er in dieser Arbeitszeit schafft.
- Statt für Mitarbeiter ausschließlich Richtlinien, Regeln und Fachwissen in den Vordergrund zu stellen, sollte vermehrt auf soziale Kompetenz, emotionale Intelligenz, Persönlichkeitsentwicklung oder Teamfähigkeit Wert gelegt werden.
- Voraussetzung für die Entstehung von genialen Ideen ist allerdings, dass der Mitarbeiter begeistert ist. Fehlt es an Begeisterung, passiert im Gehirn nichts. Also lassen Sie Mitarbeiter am Erfolg teilhaben und lassen Sie sie etwas entwickeln, was ihnen selbst nützt. Kennen Sie dieses Zitat:

Wenn du ein Schiff bauen willst, dann trommle nicht Männer zusammen, um Holz zu beschaffen, Aufgaben zu vergeben und die Arbeit einzuteilen, sondern lehre sie die Sehnsucht nach dem weiten, endlosen Meer.
(Antoine Saint-Exupéry)

- Schaffen Sie ein Klima, in dem keiner Angst haben muss, etwas zu verlieren (die Position, Errungenschaften, Sicherheiten, ...).
- Halten Sie nicht aus Gewohnheit am Bestehenden fest (das haben wir schon immer so gemacht und das hat sich bewährt), sondern fragen Sie konkret nach neuen oder anderen Möglichkeiten.
- Zeigen Sie ihren Mitarbeitern, dass Sie Mut zum Risiko besitzen.

d. Opfer-Täter-Retter-Kreis durchbrechen

Kennen Sie das Dramadreieck? Es zeigt sehr eindrucksvoll, dass wir alle mal Täter, mal Opfer und mal Retter sein können.

Das Opfer: Wer in die Opferrolle schlüpft, wird für etwas verantwortlich gemacht. Er fühlt sich in die Defensive gedrängt, wirkt auf seine Gesprächspartner ohnmächtig und macht unbewusst andere für die Folgen seines Nicht-Handelns verantwortlich. Das Opfer ist allerdings keinesfalls passiv, sondern drängt andere in die Täter- oder Retterrolle und macht anderen ein schlechtes Gewissen.

Der Retter: Er will aktiv helfen und übernimmt oft die gesamte Verantwortung für die Situation und deren Lösung. Je nach Überzeugungskraft beherrscht der Retter die Situation für eine Weile, bemerkt dann aber nicht, dass er sich über das vermeintliche Opfer stellt. Die Folge: Das Opfer lehnt intuitiv die Hilfe des Retters ab. Er macht andere bewusst oder unbewusst klein, um selber besser dazustehen. Auch kann es beim Retter auch zu einer Überforderungssituation kommen. Aus dieser Situation heraus macht er dem eigentlich zu Rettenden Vorwürfe und begibt sich jetzt selbst in eine Opferrolle.

Der Täter: Wer in dieser Rolle agiert, versucht seine Lösungsidee mit einer gewissen Härte durchzusetzen. Er klagt das Opfer aktiv an und will es zur Rechenschaft ziehen. Die Folge: Das Opfer meidet die Auseinandersetzung mit ihm und fügt sich, ohne wirklich hinter der Lösung zu stehen. Der Täter nimmt häufig folgende Verhaltensweisen an: besser wissen, kritisieren, kontrollieren, drohen, einschüchtern und sogar demütigen.

Ein Beispiel:
Geschäftsführer Krämer beschuldigt die Mitarbeiter, schlechte Umsatzzahlen und schlechte Ergebnisse abzuliefern (GF-Täter/MA-Opfer). Jetzt meldet sich der Bereichsleiter Grünbaum zu Wort und versucht das schlechte Ergebnis zu erklären und zu entschuldigen (BL-Retter). Der Geschäftsführer Krämer stellt aber klar, dass dennoch Mitarbeiter entlassen werden müssten und er wegen der Zahlen und der Marktlage dazu gezwungen sei (GF-Opfer). Außerdem gibt er Herrn Grünbaum die Schuld: Hätte der die Mitarbeiter besser angeleitet und kontrolliert, wäre es nicht so weit gekommen (GF-Täter/BL-Opfer). Jetzt mischen sich wieder die Mitarbeiter ein, weil sie es ungerecht finden, dass Grünbaum zum Schuldigen gemacht wird (MA-Retter).

In dieser Geschichte kann jeder noch viele Male die Rollen wechseln. Das Dramadreieck ist ein System, in dem Verantwortungen hin- und her geschoben werden, Enttäuschungen und schlechtes Gewissen sich abwechseln können und Schuldzuweisungen gemacht werden.

Dieses System ist ein Teufelskreis: Jeder versucht in seiner Rolle Anerkennung und Aufmerksamkeit zu gewinnen.

Wie kann ich den Teufelskreis durchbrechen?

> Machen Sie sich bewusst, welche Rolle die anderen in der Situation spielen und welche Ihnen zugedacht wird. Lehnen Sie die Ihnen zugedachte Rolle ab und handeln Sie anders als vorgesehen.
> Fühlen Sie sich als Opfer? Dann jammern Sie nicht – werden Sie unabhängig!
> Sollen Sie den Retter spielen? Dann nehmen Sie andere mit in die Verantwortung! Oder hören Sie auf, anderen Ihre Hilfe aufzudrängen.
> Sollten Sie der Täter sein, dann ersetzen Sie negative durch konstruktive Kritik! Das gilt auch dann, wenn Sie tatsächlich Täter sind.

Kritische Fragen an den Retter

Will der Betreffende bzw. wollen die Betreffenden meine Hilfe überhaupt?

Ist es tatsächlich zielführend, wenn ich als Retter auftrete?

Kann ich überhaupt etwas Sachliches zum Thema beitragen oder will ich nur auf der emotionalen Ebene helfen?

Überschreite ich meine Kompetenzen, wenn ich für den/die anderen eintrete?

Kritische Fragen an das Opfer

Weiß ich überhaupt genau, was ich will oder brauche?

Fühle ich mich gleichwertig?

Will ich wirklich, dass sich etwas verändert?

Bin ich bereit, Tipps oder Hilfe anzunehmen?

Kritische Fragen an den Täter

Geht es mir nur um die Sache oder will ich den anderen angreifen?

Habe ich das Gefühl, ich kann mehr oder bin besser als die anderen?

Habe ich vor etwas Angst? Wovor habe ich Angst?

Möchte ich dem anderen etwas beweisen?

e. Zielorientierung und Selbstverantwortung fördern

Zum Thema Zielorientierung habe ich bereits einige Ausführungen gemacht. Hier noch einmal als einleitenden Gedanken die wichtige Erkenntnis:

Neuere Wissenschaftliche Untersuchungen haben gezeigt, dass Dopamin dann ausgeschüttet wird, wenn wir eine Belohnung erwarten. Keine oder eine nur geringe Dopaminausschüttung findet hingegen statt, wenn das angestrebte Ziel erreicht worden ist.

Das heißt, um ein Ziel zu erreichen, sollten wir Dopamin ausschütten. Es muss also eine positive Erwartung am Ende stehen. Diese Erwartung muss mich anreizen, das angestrebte Ziel auch erreichen zu wollen.

Damit sind wir wieder bei den Stärken und Werten von Mitarbeitern angelangt. Es ist wenig hilfreich, allen Mitarbeitern die gleichen Ziele zu geben und zu glauben, dass alle sie dann auch gleich motiviert umsetzen.

Die Motivationsforschung macht einen Unterschied zwischen Motiven und Zielen.

- Motive sind unbewusste Handlungsantriebe.
- Ziele sind bewusste Handlungsantriebe.

Menschen, bei denen Motive und Ziele übereinstimmen, zeichnen sich durch ein hohes Maß an Ausdauer, Beharrlichkeit und Konsequenz aus.

Menschen, bei denen Motive und Ziele nicht übereinstimmen, zeichnen sich dadurch aus, dass sie z. B. Hindernisse nicht als Herausforderung, sondern als Bedrohung ansehen.

Um Menschen erfolgreich zu machen, muss ich also auch ihre Persönlichkeit respektieren und berücksichtigen und Ziele und Aufgaben danach auswählen, ob sie für die Betreffenden auch erreichbar sind.

Vorbereitung einer Zielbeschreibung für Mitarbeiter:
Klares, konkretes Ziel benennen. SMART-Formel anwenden.

1. Was genau wollen Sie von dem Mitarbeiter?
2. Warum wollen Sie es und warum von diesem Mitarbeiter?
3. Wie wollen Sie es umgesetzt haben, sprich: gibt es Bedingungen oder Einschränkungen?
4. Bis wann wollen Sie es?
5. Wieviel Spielraum hat der Mitarbeiter auf dem Weg zur Zielerreichung, was darf er dabei selbst entscheiden?
6. Welche Hilfen stehen [wem?] zur Verfügung? Welche Begleitung gibt es?

Auf dem Weg zum Ziel:
Sie sollten sich jetzt nur noch einmischen, wenn es eine Zieländerung gibt. Der Weg zum Ziel und dessen Erreichung stehen nun im Vordergrund. Wenn sich am Ziel nichts geändert hat, sollten nur noch das Ergebnis und die Eigenverantwortlichkeit [des Mitarbeiters] zählen.
Geben Sie Ihrem Mitarbeiter aber eine klare Botschaft mit: Er kann sich jederzeit an Sie wenden, wenn er Fragen oder Probleme hat.

Nach der Zielerreichung:
Je nach Komplexität und Umfang der Zielerreichung sollten Sie ein kurzes oder ein ausführliches Gespräch mit dem Mitarbeiter führen. Es ist wichtig für die zukünftige Zusammenarbeit, auf das Ergebnis zu reagieren und damit das Ergebnis und den Einsatz auch anzuerkennen. Der Mitarbeiter muss auch die Möglichkeit haben, sich schlüssig zu dem Nichterreichen äußern zu können. Es geht aber nicht nur darum, alles gut zu finden, sondern, wenn es Kritikpunkte gibt, diese auch anzusprechen und gemeinsam nach Lösungen oder Hilfestellungen für die Zukunft zu suchen. Es geht darum, dem Mitarbeiter zu helfen, sich weiterzuentwickeln, und nicht darum, ihm Schuld zuzuweisen oder ihn zu belehren, welche Fehler er gemacht hat.
Wenn der Mitarbeiter etwas gut gemacht hat, ist Lob angebracht. Sparen Sie damit bitte nicht, aber loben Sie nicht allgemein, sondern konkret, damit der Mitarbeiter auch genau weiß, was Sie an ihm schätzen.

2. Wie und wodurch passiert das?

Sie als Führungskraft sollten nun verstärkt darauf achten, den Mitarbeitern sowohl ein Vorbild zu sein als auch deren resiliente Verhaltensweisen zu stärken. Auf diese Weise werden Sie ein Team von Mitarbeitern bekommen, das

- weniger anfällig für stressbedingte Krankheiten ist.
- Mit Ihnen vertraut und damit motivierter und loyaler arbeitet.
- Spaß an der Arbeit hat und auch mit Krisen besser zurechtkommt.
- Sie dabei unterstützt, auch schwierige Zeiten durchzustehen.

Ihr Verhalten entscheidet darüber, ob Sie und Ihre Mitarbeiter eine große Portion Resilienz aufbauen können.

a. Verhaltensweisen in Einzelgesprächen

Wie haben Sie ihren Mitarbeiter vor dem Gespräch informiert?
Was weiß er schon? Auf welche Art von Gespräch muss er sich einstellen?

Es ist nicht zu unterschätzen, wie weitreichenden Einfluss die räumlichen Gegebenheiten bei einem solchen Gespräch haben.

- Gibt es Ruhe im Raum?
- Kann ich eine Bewirtung von Kaffee, Tee oder Wasser anbieten?
- Was ist mit dem Telefonstörungen?
- ...

Welches sind Ihre Gedanken vor dem Gespräch?

- Ich habe und nehme mir Zeit für das Gespräch.
- Ich habe Lust zu dem Gespräch.
- Ich bin dem Mitarbeiter gegenüber positiv eingestellt.
- Das Thema ist wichtig für mich.
- ...

Oder denken Sie genau das Gegenteil?

Das Problem, das auftritt, wenn Sie das Gegenteil denken, ist, dass sich Ihre Stimme und Körpersprache leicht bis stark verändern kann, was sich wiederum erhebliche Auswirkung auf Ihre Wirkung in diesem Gespräch.

Stimmen Sie sich also vorher positiv auf das Gespräch ein und gehen Sie in dieses mit dem Gedanken hinein, dass Sie einen gleichwertigen Gesprächspartner vor sich haben. Sie haben keinen „Untergebenen“ und auch keinen „Feind“ vor sich, sondern einen Menschen, der als Mensch gleichwertig mit Ihnen ist. Dieser Mensch mag anders sein als Sie, aber das macht ihn nicht schlechter als Sie.
Dieser Mensch hat genau wie Sie eine eigene Meinung, eigene Sichtweisen sowie eigene Stärken und Schwächen.

Mit dieser Grundhaltung sollten Sie in das Gespräch gehen und auch zwischendurch immer wieder daran denken.

Für das Gespräch mit dem Mitarbeiter gilt dann eine Regel, die auch in dem Buch „Die 7 Wege der Effektivität“ von Stephen R. Covey zu finden ist:

Versuchen Sie stets Ihren Gesprächspartner erst zu verstehen, bevor Sie selbst verstanden werden wollen.

Mit verstehen ist hier nicht nur gemeint, dass Sie das, was der Mitarbeiter sagt, kognitiv und rational nachvollziehen können. Hier ist mehr gemeint: Es heißt, dass Sie die Standpunkte des anderen akzeptieren und respektieren, was aber nicht gleichzeitig bedeuten muss, dass Sie mit der Sichtweise und den Standpunkten des Mitarbeiters übereinstimmen. Es heißt, dass Sie die Dinge aus einer anderen Perspektive zu sehen versuchen und damit auch andere Perspektiven zu akzeptieren.

Dass Sie dies auch tatsächlich tun, könnte man an Sätze erkennen wie:

„Jawohl, ich verstehe Sie. Können Sie mir bitte erklären, warum Sie so darüber denken? ... (heißt nicht, dass ich dem anderen recht gebe, sondern nur, dass ich seine Sichtweise wahrgenommen habe)."

„Ich würde an Ihrer Stelle genauso handeln oder argumentieren, und es gibt hier noch folgende andere Perspektiven ..."
„Ich kann Ihre Auffassung sehr wohl nachvollziehen, nur ..."

„Ihre Meinung hat sicher einiges für sich, allerdings gibt es noch weitere Punkte, die es zu berücksichtigen gilt, nämlich ..."

„Natürlich, da haben Sie recht. Dieser Umstand ist sicherlich mit zu berücksichtigen. Noch wichtiger erscheint mir allerdings dabei, dass ..."

„Aus Ihrer Position oder Sichtweise ist das genau richtig, sich so zu verhalten. Ich aber habe eine andere Sichtweise, weil ...

„Allerdings, da stimme ich Ihnen zu, nur sollten wir auch berücksichtigen, dass ..."

„Habe ich Sie richtig verstanden, geht es Ihnen um ...?"

Auch sollten Sie in solchen Einzelgesprächen genau zuhören und den Gesprächspartner ausreden lassen, damit der Respekt und die Ernsthaftigkeit deutlich werden. Reine Monologe des Gesprächspartners dürfen Sie auch gerne unterbrechen, ohne ihm dabei aber die Wertschätzung zu entziehen.

Wenn Sie Ihrem Gegenüber das Gefühl geben, gleichwertig zu sein, und ihm auch zeigen, dass Sie ihn wirklich verstehen und anhören wollen, dann wird er auch Ihnen zuhören und sich Ihren Standpunkt anhören, womit Sie ihr Ziel, gehört und verstanden zu werden, erreicht haben.

Eines ist ganz wichtig: Jemanden verstehen heißt nicht, seine Meinungen zu teilen!

Im Zusammenhang mit dem Abteilungs- oder sogar Unternehmensklima ist es auch nicht zu unterschätzen, was alles passieren kann, wenn Sie diese Gespräche gar nicht oder nicht richtig führen. Es hängen Themen wie Vertrauen, Motivation und die Kultur davon ab. Sie beeinflussen damit, ob diese Themen positiv oder negativ besetzt werden.

Damit der Mitarbeiter auch später in der Lage ist, Verantwortung für sein Handeln und seine Entscheidungen zu übernehmen, hinterfragen Sie viele seiner Vorschläge und Standpunkte, so dass er gleichzeitig lernt, sich selbst zu reflektieren.

Sie kennen vielleicht Kinder, die immer wieder fragen: „Warum?“, womit sie uns häufig auch an einen Punkt bringen, an dem wir selber merken, wie wenig wir selbst über einen eigenen Standpunkt nachgedacht haben. Da das reine Fragen nach dem WARUM auch nerven kann, sollten Sie dem Mitarbeiter nicht nur diese eine Frage stellen, sondern sämtliche W-Fragen gut miteinander kombinieren können:

- Wie stellen Sie sich das genau vor?
- Wie genau soll das später umgesetzt werden?
- Warum schlagen Sie diese Lösung vor?
- Was ist daran besonders gut?
- …

Sicherlich fallen Ihnen noch genügend weitere W-Fragen ein.

Was nun tun in schwierigen Gesprächen, um auch hier ihrer Vorbildfunktion gerecht zu werden und die soziale Kompetenz der Mitarbeiter zu stärken?

Wichtig bei diesen schwierigen Gesprächen ist eine gute Vorbereitung:

1. Beschaffen Sie sich alle relevanten Informationen vor dem Gespräch:
   - Welche rechtlichen Rahmenbedingungen und Möglichkeiten gibt es?
   - Welche Fakten und Beispiele zu den Verhaltensweisen oder Themen habe ich?
   - Woher habe ich die Fakten und Beispiele?
   - Welche Sanktionsmöglichkeiten oder Konsequenzen sind möglich?
   - Gab es in der Vergangenheit ähnliche Themen?
   - Wie ist bisher mit dem Thema umgegangen worden?
   - Brauche ich zusätzliche (auch externe) Unterstützung (z. B. bei Themen wie Mobbing oder Sucht)?

2. Welche Gesprächsziele habe ich?
   - Welche konkreten inhaltlichen Ziele habe ich für das Gespräch?
   - Welche emotionalen Themen oder welche Themen auf der Beziehungsebene will ich ansprechen?
   - Wie will ich die Ziele später messen?
   - Wie will ich die Vereinbarungen/Verabredungen festhalten?
   - Habe ich ein Maximal- und ein Minimalziel für das Gespräch?
   - Was wären mögliche Zugeständnisse?

3. Was will mein Gesprächspartner oder was muss er vielleicht erreichen?
   - Versetzen Sie sich ein seine Lage und überlegen Sie, wie Sie an seiner Stelle handeln würden.
   - Wie kann mein Gesprächspartner sein Gesicht wahren?
   - Fragen Sie nach seinen Lösungsvorschlägen.
   - Welchem Persönlichkeitstyp ist mein Gesprächspartner zuzuordnen?
   -

Bei der Durchführung des Gesprächs hilft es u. a, auch, sich das Wertequadrat einmal näher anzusehen.

Wenn ich z. B. möchte, dass ein Mitarbeiter mehr Verantwortung übernimmt und nicht so passiv ist, kann ich ihm das auch anhand des Wertequadrates deutlich machen.

Hier zunächst ein einfaches Beispiel, weiter unten werden Sie noch eines finden, in dem es um eine andere problematische Verhaltensweisen geht.

In diesem Beispiel geht es darum zu verstehen, dass kein Wert an sich gut oder schlecht ist, sondern seine Ausprägung ihn zu einem eher guten oder einem eher schlechten Wert machen kann.

Dieses Wertequadrat könnte man schon auf Aristoteles zurückführen. Aristoteles beschrieb, dass die wahren Tugenden immer dann hervortreten, wenn sie die „rechte Mitte“ zwischen zwei fehlerhaften Extremen einnehmen.

Zu sparsam	kann geizig heißen
Zu wenig sparsam	kann Verschwendung heißen

Die Mitte hierzu wäre:
ein gesundes guten Maß finden und weder geizig noch verschwenderisch sein

Die Erklärung nun Schritt für Schritt:

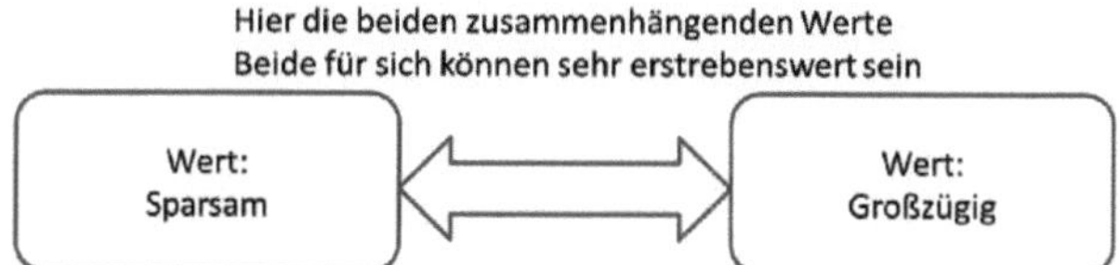

Hier die beiden ... [Punkt] sparsam; großzügig [gilt auch für die folgenden Grafiken]

Nun zu den beiden Übertreibungen:

Hier die beiden Übertreibungen zu den Werten.
Die oberen Werte sind erhaltenswert,
die Übertreibungen sind verändernswert.

Nun sieht das Wertequadrat insgesamt so aus:

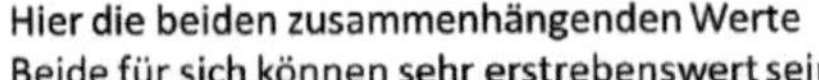

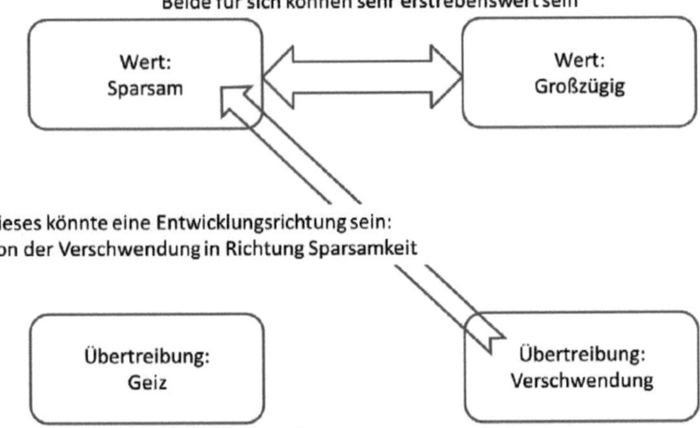

Hier die beiden Übertreibungen zu den Werten.
Die oberen Werte sind erhaltenswert,
die Übertreibungen sind verändernswert.

von der ... hin zur ...

oder diese

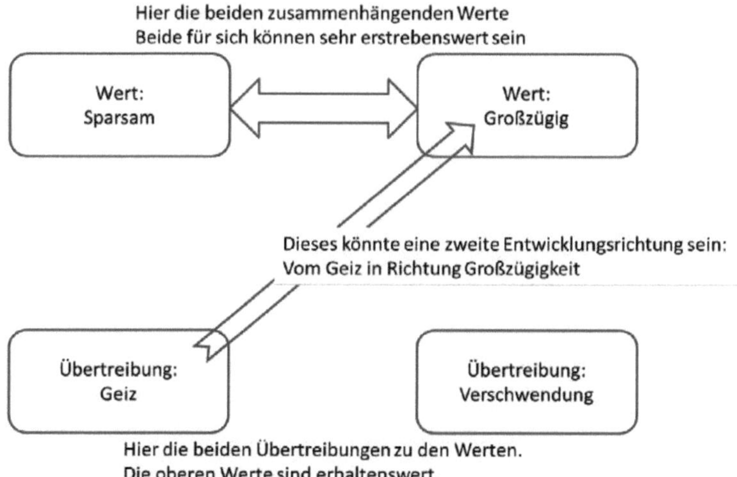

vom Geiz hin zur ...

Um nochmals auf das Mitarbeitergespräch zurückzukommen: Machen Sie sich dieses Wertequadrat bewusst!

Die negative Übertreibung eines Wertes können Sie perfekt als Ausgangspunkt für eine positive Entwicklung aufgreifen. Damit wird dem Mitarbeiter auch automatisch klar, dass es in seiner Verhaltensweise auch etwas Erhaltenswertes gibt und es nur darum geht, die Übertreibung aus dem Wert oder der Verhaltensweise zu nehmen.

Sie können Sich und dem Mitarbeiter damit perfekt veranschaulichen, dass bei einer Weiterentwicklung nicht alles verändert oder aufgegeben werden muss, sondern nur ein wenig bis etwas mehr von einem anderen dazukommen sollte.

Bei einer solchen Haltung und einer solchen Veranschaulichung muss sich ein Mitarbeiter nicht nur rechtfertigen oder verteidigen, sondern sieht auch schneller den Nutzen und versteht, dass es nicht um richtig oder falsch, wahr oder unwahr geht, sondern darum, einen sinnvollen Entwicklungspfad zu beschreiten.

Wie können Sie in einem solchen Gespräch konkret vorgehen?

1. Suchen Sie sich die problematische und aus Ihrer Sicht verändernswerte Verhaltensweise aus und schreiben Sie sie in das Feld der Übertreibung, da sie aus Ihrer Sicht eine Übertreibung darstellt.
2. Dann versuchen Sie zusammen mit dem Mitarbeiter den erhaltenswerten Kern dieser Verhaltensweise zu identifizieren und tragen Sie ihn in das Feld des erhaltenswerten Wert ein (also darüber).
3. Da jeder Wert einen Gegenwert hat, geht es jetzt darum, gemeinsam vom Ausgangspunkt der negativen Übertreibung das Gegenteil abzuleiten. Die Frage hierzu wäre, was das Gegenteil des Ursprungsproblems, aber auch das Gute daran ist. Das ist dann der Gegenwert zu dem schon ermittelten Wert.
4. Nun geht es nur noch darum, die negative Übertreibung zu ermitteln, und schon ist das Wertequadrat fertig

Wenn alles fertig ist, können Sie beide erkennen, um welche Entwicklungen es hier geht und welche guten Werte in dem Mitarbeiter bereits stecken, die es dann nur mehr zu aktivieren und zum Vorschein zu bringen gilt. Außerdem wird dann beiden deutlich, dass es nicht um gut oder schlecht geht, sondern nur um eine Übertreibung einer guten Sache.

Nehmen wir ein konkretes Beispiel:

Sie möchten, dass Ihr Mitarbeiter sich in Besprechungen und auch sonst mehr zurückhält, etwas ruhiger wird und sich nicht immer in den Vordergrund spielt.

1. Sie schreiben in das Feld der Übertreibung: „zu starker Aktionismus und Egoismus".
2. Dann versuchen Sie gemeinsam mit dem Mitarbeiter den erhaltenswerten Kern dieser Eigenschaft zu suchen und tragen ihn dann in das Feld des erhaltenswerten Wert ein (also darüber) → aktiv, selbstsicher, selbstbewusst, bringt Themen voran.
3. Jetzt geht es um den Gegenwert, also diagonal von unten links nach oben rechts. → rücksichtsvoll, besonnen, zurückhaltend, hilfsbereit
4. Nun geht es nur noch darum, die negative Übertreibung zu ermitteln, und schon ist das Wertequadrat fertig → passiv, steht nicht für sich ein, lässt sich ausnutzen, ...

Danach wäre zu überlegen, wie ein guter Entwicklungsweg aussehen könnte.

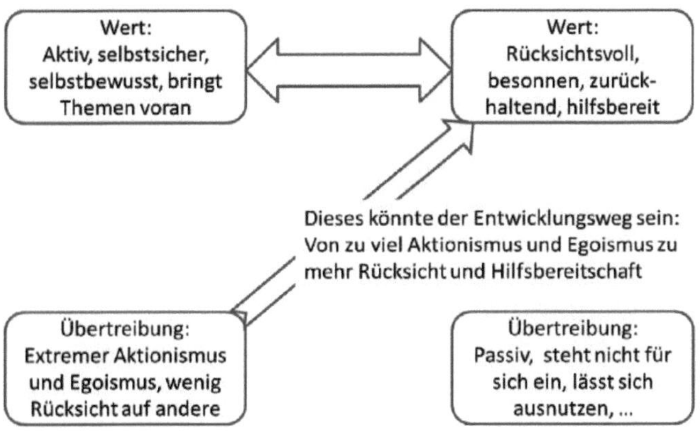

aktiv; rücksichtvoll; von zu viel ...; passiv

Nun werden noch gemeinsam konkrete Situation und Maßnahmen ausgewählt und diesbezüglich eine Vereinbarung getroffen.

Es geht auch immer darum, klar zu machen, dass es einerseits gut ist, selbstsicher und aktiv zu sein, aber ebenso, rücksichtsvoll, besonnen und hilfsbereit zu sein. Das eine schließt das andere nicht aus. Es geht hier auch nicht um Extreme oder ein Entweder-oder, sondern darum, beide Werte gut miteinander zu kombinieren und zu erkennen, dass jeder [negativer?] Wert einen [positiven?] Gegenwert hat.

Eine Führungskraft sollte das auch für sich verinnerlichen und nicht jeden Raum besetzen, der sich ihr bietet, sondern auch anderen Raum lassen.

Es kann sein, dass das Ganze nicht sofort zu Einsichten auf Seiten des Mitarbeiters führt, aber es kann auch als Prozess betrieben werden und macht dann deutlich, dass ich den Mitarbeiter ernst nehme und wir auf Augenhöhe miteinander sprechen.

Außerdem sollte jede Führungskraft noch auf folgende Prinzipien und Regeln achten:

1. Sie und der Mitarbeiter sollten ungefähr die gleiche Redezeit haben, also niemand sollte Monologe halten.
2. Sie sollten Wünsche formulieren, statt Vorwürfe zu machen.
3. Sie sollten einen konkreten Vorschlag für die Zukunft unterbreiten, damit die Ziele klar sind.

Beispiel: Frau Sorglos: „Ich wünsche mir von Ihnen im nächsten Meeting konkret, dass Herr Ratlos ausreden darf und sie ihm nicht ins Wort fallen oder ihm ihre Formulierungen aufdrängen."

b. Verhaltensweisen im Team

Warum ist es wichtig, ein Team zu haben? Aus der Gehirnforschung gibt es Erkenntnisse, die beweisen, dass positive soziale Kontakte unser Belohnungssystem aktivieren können und damit unsere Leistungsfähigkeit steigern. Dies passiert überwiegend, wenn wir uns mit Menschen umgeben, die wir mögen. Das heißt, wenn wir im Arbeitsalltag mit Menschen arbeiten, sollten wir nicht nur darüber nachdenken, was die Menschen leisten können, sondern wie aus ihnen ein Team wird, deren Mitglieder sich mögen und gut miteinander zusammenarbeiten können. Für unsere und die Leistungsfähigkeit der Mitarbeiter spielen soziale Kontakte eine sehr große Rolle.

Im „European Journal of Neuroscience“ kann man nachlesen, dass gesellige Menschen, also jene, die sich viel mit sozialen Kontakten umgeben, deutlich mehr Gehirnzellen in der Großhirnrinde aufweisen als Einzelgänger. Es ist dort auch ausgewiesen, dass die sogenannten geselligen Menschen dadurch oft leistungsfähiger waren als die Kontrollgruppe der Einzelgänger.

Das bedeutet, eine Führungskraft sollte versuchen, aus einer Gruppe von Mitarbeitern ein echtes Team zu formen, wodurch die einzelnen Menschen automatisch zufriedener und auch leistungsfähiger werden. Sie können dann Informationen besser und schneller verarbeiten und sich später auch leichter wieder an sie erinnern.

Es ist aber nicht notwendig, immer große Unternehmungen zu starten, sondern dieser Effekt setzt schon bei kleinen Dingen an: Smalltalk im Treppenhaus, auf dem Flur oder im Fahrstuhl, zusammen in die Kantine zum Essen gehen oder auch einmal zusammen einen Kaffee in der Kaffeeecke trinken. Im ersten Augenblick wirken diese Situationen unproduktiv, langfristig kann es aber der Teambildung dienen. Selbstverständlich ist hier auf eine gute Dosierung der „kleinen Pausen“ zu achten.

Schauen Sie hierzu ruhig auch noch einmal in das Kapitel „Soziale Kompetenz und Netzwerke bilden“.

Was genau können Sie als Führungskraft denn nun tun, um die Teamarbeit zu stärken?

Damit sich die Bedingungen für eine gute Teamarbeit leichter beschreiben lassen, ein Vergleich mit einer Musikband.

- Jedes Bandmitglied muss sein Instrument beherrschen.
  Ein Tausch der Instrumente macht nur Sinn, wenn ich das andere genauso gut beherrsche wie das betreffende Bandmitglied. Wenn ich Schlagzeug spiele und dies gut kann, sollte ich in der Band nur dann Gitarre spielen, wenn ich das ebenso gut kann wie der Gitarrenspieler. Sonst bleibe ich in der Band besser beim Schlagzeug.

- Jeder sollte seine Noten gut spielen können und sich genau darauf konzentrieren und sich nicht in die Noten des anderen einmischen.
- Jeder sollte aber auf die anderen Bandmitglieder hören und somit das eigene Tempo an das der anderen anpassen. Es klingt wenig harmonisch, wenn jeder nur seine Noten herunterspielt und kein gemeinsames Tempo und Zusammenspiel erkennbar ist. Dafür braucht es häufig auch einen, der die Geschwindigkeit vorgibt und an dem sich alle anderen orientieren können.
- Jeder sollte sich bewusst machen, dass die Fehler, die er macht, auch die Leistung der gesamten Band verschlechtert, weil sich das Gesamtergebnis nicht mehr harmonisch anhört.
- Jeder sollte in den Hintergrund treten können, wenn ein Solo des anderen gespielt wird, und jeder sollte auch in den Vordergrund treten können, wenn sein Solo dran ist. Wenn jemand kein Solo spielen will, so ist das aber auch okay.

Nun übertragen Sie das auf Ihr Team:

- Jeder Mitarbeiter sollte seine Aufgabe beherrschen und sich auf seine Aufgaben konzentrieren können. Wenn jemand etwas nicht so gut kann, dann sollte er etwas machen, was für ihn besser geeignet ist.
- Jeder sollte eine Aufgabe haben, die ihm besonders liegt und Spaß macht. Ihm können natürlich auch Aufgaben zugeteilt werden, die er nicht so gern mag, aber mindestens eine von ihnen sollte ihm gut bis sehr gut liegen und dergestalt sein, dass er sie auch gerne erledigt.
- Jeder sollte über den eigenen Tellerrand schauen und sehen, was der andere gerade macht und was passiert, wenn ich meine Aufgabe nicht rechtzeitig fertig bekomme oder nicht in der Qualität, wie der andere das benötigt. Auch kann ich vielleicht sehen, dass der andere das gar nicht so schnell braucht wie zunächst gedacht, so dass ich mich nicht unnötig unter Druck setzen muss. Es ist also immer gut, zu wissen, was der andere gerade tut und wie weit er vorangeschritten ist.

- Jeder sollte wissen, dass die Leistung der Abteilung oder das Ergebnis eines jeden in gleicher Weise von xy abhängt und jeder seinen Wert beisteuern muss, um ein hervorragendes Ergebnis für alle zu erzielen.
- Wenn besondere Einzelleistungen oder besondere Fähigkeiten gefragt oder gefordert sind, sollte jeder auch zu seinem „Solo“ antreten, und das sollte keinen Unmut bei den anderen hervorrufen, sondern Stolz, dass der Betreffende zum Team gehört. Wenn einer sein „Solo“ gerne im Hintergrund erarbeiten möchte, sollte er das offen sagen. Dann muss gemeinsam eine Lösung gefunden werden, wie das am besten zu bewerkstelligen ist.

Es gibt sicherlich schlechte und gute Bands sowie schlechte und gute Teams. Deshalb ist es wichtig, diese Rahmenbedingungen zu schaffen und dann immer wieder darauf zu achten, dass sie auch zu den gewünschten Ergebnissen und dem gewünschten Wohlbefinden der Mitarbeiter führen. Falls nicht, muss ich als Führungskraft die Stellschrauben neu justieren.

Wenn Sie sich die Fragen des Gallup-Instituts ansehen, wird Ihnen sicherlich auch klar, was dahintersteckt und warum diese Punkte so entscheidet für Spitzenleistungen und das Engagement der Mitarbeiter sind.

Die Bedingungen, die Sie als Führungskraft schaffen können und auf die Sie Einfluss haben, sind:

1. Alle Mitarbeiter des Teams sollten über eine hohe Motivation verfügen.
2. Jeder im Team sollte stets so kommunizieren, dass er auch von allen anderen verstanden wird. Jeder sollte sich auf die anderen einstellen.
3. Die einzelnen Mitarbeiter des Teams sollten die gemeinsamen Ziele der Abteilung bzw. des Unternehmens kennen und sich mit ihnen identifizieren können. Sie sollten so kommuniziert werden, dass jeder weiß, worum es genau geht und welchen Beitrag er dazu leisten soll.

4. Die Mitglieder des Teams sollten auch bereit sein, zu kooperieren und Erfolge miteinander zu teilen und bei Misserfolgen zusammenzuhalten. Niemand sollte als Einzelkämpfer agieren.

Damit das Zusammenspiel aller als Team auch wirklich klappt, sind drei Faktoren besonders wichtig:

1. Die Wertesysteme der Mitarbeiter des Teams sollten einander ähnlich sein. Wenn sie zu unterschiedlich sind, wird es besonders schwierig, eine gemeinsame Basis für alle zu finden.
2. Jeder sollte Bereitschaft zeigen, eigenes Wissen mit anderen aus dem Team zu teilen. Ist jemand nicht dazu bereit, gefährdet er damit das Gesamtergebnis.
3. Man sollte über die Fähigkeit zur Empathie und über soziale Kompetenz verfügen, damit man sich in den anderen hineinversetzen und ggf. auch danach handeln kann, wenn es erforderlich ist.

Hier sind wir auch wieder bei der Vorbildfunktion der Führungskraft angelangt: Es ist immer wichtig, all das auch selber zu beherzigen und vorzuleben.

c. Verhaltensweisen in Meetings

Meetings sind wichtig, um einige der oben bereits beschrieben Themen zu unterstützen. So können Meetings dazu beitragen, zu erkennen, welchen Beitrag ich für alle leiste, oder sie können aufzeigen, wer wo steht und wer wie weit ist.

In vielen Unternehmen kann man den Eindruck gewinnen, dass es nur noch um Meetings geht und dass die Mitarbeiter 3/4 ihrer Zeit in Meetings verbringen.

Deshalb hier eine Liste von Fragen, die die Führungskraft sich selber stellen kann oder auch den Mitarbeiter aufzeigt, diese Fragen für die eigenen Meetings zu stellen:

1. Ist der Aufwand für die anstehenden Aufgaben gerechtfertigt?
2. Betrifft das Problem alle Teilnehmer, die anwesend sind?
3. Ist die ausgewählte Hierarchiestufe für diese Besprechung relevant?
4. Könnten einzelne Themen in dieser Besprechung auch anders bearbeitet werden, z. B. durch gezielte Rückfragen einzelner Personen?
5. Kann die einberufene Gruppe das anstehende Problem vor dem Meeting bereits vorbereiten?
6. Wenn es sich um einen Konflikt handelt: Ist die Besprechung überhaupt der beste Weg, um diesen Konflikt zu lösen?
7. Können alle Beteiligten dieser Besprechung auch einen Nutzen aus dieser Besprechung ziehen?
8. Wäre eine schriftliche Information aller Teilnehmer über xy effizienter?
9. Sind für diese Besprechung besondere Fähigkeiten und Kenntnisse erforderlich?
10. Ist es wichtig, die Meinung verschiedener Mitarbeiter oder Hierarchiestufen einzuholen?
11. Muss die Entscheidung, die in dieser Besprechung getroffen wird, von vielen getragen und verstanden werden?
12. Können die Teilnehmer dieser Besprechung notwendige Entscheidungen selbst fällen, oder muss ein weiterer Entscheidungsträger hinzugezogen werden?

Von der Beantwortung dieser Fragen hängt auch ab, welche Form des Meetings Sie wählen sollten. Mittlerweile gibt es viele neue Formen von Meetings.

Kennen Sie schon folgende Meetingformen?

- Stand-up-Meeting
  Ein kurzes nach festen Regeln durchgeführtes Meeting im Stehen. Dauer: max. 15 Minuten
- Scrum-Boards auch für andere Themen nutzbar
  Jedes Mitglied erklärt an dem Board, an welcher Aufgabe es am Vortag gearbeitet hat und ob es diese erledigt hat. So entsteht schnell ein Überblick über den Bearbeitungsstand sämtlicher zu erledigender Aufgaben.
- „Bewegte Meetings“
  Hier ist es von vorne herein geplant, dass nicht alle Teilnehmer die ganze Zeit über dabei sind. Es geht darum, genau zu planen, wann wer was einbringen muss. Anhand der Agenda wird entschieden, ob ein Mitarbeiter später kommen oder eher gehen darf, wenn die behandelten Themen für ihn nicht relevant sind.

Sicherlich fallen Ihnen noch weitere Möglichkeiten ein, Meetings schlanker und nutzbringender zu gestalten.

Nun noch einmal zurück zu den Verhaltensweisen in einem Meeting. Auch hier haben Sie Vorbildfunktion zu erfüllen und sollten deshalb folgende Verhaltensweisen berücksichtigen:

- die Bedeutung der gemeinsamen Aufgabe und die Erwartungen an die Teilnehmer klarstellen,
- Kurzeinführungen zu den Tagesordnungspunkten geben, den Sachstand erläutern, alle Teilnehmer auf denselben Informationsstand bringen,
- jeden Diskussionsbeitrag würdigen,
- niemals jemanden bloßstellen oder von anderen bloßstellen lassen,
- sachlich und entspannt bleiben,
- wenn nötig, den Betreffenden beim Formulieren unterstützen,
- bei Konflikten vermitteln können,

- die Besprechung anhand eines roten Fadens steuern und den Zeitplan einhalten,
- verschiedene Lösungen bewerten, zusammenfassen, Konsequenzen ziehen, Entscheidungen fällen, Ergebnisse herausarbeiten und Maßnahmenkataloge erstellen (Zuständigkeiten, Termine, Kontrolle).

Sorgen Sie als Führungskraft dafür, dass auch in Meetings die Wohlfühlkomponenten und das Teamgefühl erhalten bleiben oder sogar gesteigert werden.

Für Mitarbeiter, die selbstverantwortlich und sich behauptend im Unternehmen auftreten, ist es auch wichtig, dass sie Vorbilder und Rahmenbedingungen vorfinden, die dieses Verhalten ermöglichen. Hier nehmen Meetings eine wichtige Rolle ein, weil ich da den Teamgeist und die Meinung der anderen erfahren kann und gespiegelt bekomme.

Nun tritt in Meetings häufig noch ein weiteres Problem auf, das es ebenfalls zu berücksichtigen gilt. Die Kommunikation ist oftmals nicht eindeutig. Nicht weil wir uns aus unserer Sicht nicht klar ausdrücken würden, sondern weil wir nicht wissen, ob die Teilnehmer unsere Worte mit der dieselben Bedeutung belegen wie wir selbst.

Hier ein Beispiel:
Wenn ich als Führungskraft sage: „Ich freue mich, dass wir so erfolgreich sind“, dann kann ich nur erahnen, was die anderen darunter verstehen werden. Welche Bedeutung [die Wörter?] Freude und Erfolg für meine einzelnen Mitarbeiter haben, weiß ich nicht genau.

Das genau ist häufig auch das Problem, wenn in einem Meeting Absprachen getroffen werden. Nicht selten verstehen sie die einzelnen Personen unterschiedlich. Es geht auch nicht darum, wer hier mit seiner Interpretation Recht oder Unrecht hat, sondern vielmehr darum, wie wir es schaffen, dass alle die getroffene Abmachung etc. in gleicher Weise verstehen.

Es gilt also auch in Meetings immer wieder zu hinterfragen, ob alle die gleiche Vorstellung von dem Thema oder der getroffenen Entscheidung haben. Das geht nur, wenn ich die anderen beobachte, um zu erkunden, was wohl in ihnen vorgeht, und selbst immer wieder Themen und Begriffe hinterfrage. Diese Punkte sollten sich dann auch in einem Protokoll wiederfinden lassen.

d. Eine Vertrauenskultur schaffen

Um eine Vertrauenskultur aufzubauen, ist es wichtig, sich vorzustellen, dass es so etwas wie ein Vertrauenskonto gibt.

Wie für ein Konto üblich, kann ich dort nicht nur abheben, sondern muss dort auch einzahlen, um dann wieder abheben zu können. Wenn ich ein neues Konto eröffne, tue ich gut daran, erst einmal etwas einzuzahlen, bevor ich etwas abhebe. Das sollte auch für das Vertrauenskonto gelten.

Vertrauen kommt nicht von allein, und Vertrauen kann mich auch etwas kosten: Es kann sein, dass ich auf kurzfristige Vorteile verzichten muss. Es kann sein, dass ich nicht sofort ans Ziel komme und es langsamer geht. Ich darf, um Vertrauen aufzubauen, keine Tricks und Spielchen anwenden, und das kann schon schwer genug sein.

Beim Thema Vertrauen sind wir auch wieder beim Thema „realistischer Optimismus“, gibt es hier doch verschiedenste Parallelen. Es geht auch darum, dass wir schlechte Erlebnisse gerne generalisieren und somit schneller ins Misstrauen fallen als ins Vertrauen. Wenn uns einmal etwas Schlechtes widerfahren ist, übertragen wir das schnell auf alle neuen Situationen. Menschen, die über einen guten realistischen Optimismus verfügen, neigen nicht so sehr dazu. Sie bewerten jede Situation neu und treffen hier keine Verallgemeinerungen.

Beim Vertrauen geht es auch nicht um Nettigkeiten, sondern darum, sich wirklich auf jemanden verlassen zu können, und da kann es auch einmal sein, dass der Betreffende eben nicht nett ist, wenn er uns sagt, wir sollten uns in dieser oder jener Situation anders verhalten.

Vertrauen beinhaltet auch die Werte Ehrlichkeit und Wertschätzung.

Bringe ich dem anderen eine wertschätzende Ehrlichkeit entgegen, kann sich zwischen uns Vertrauen entwickeln. Hier noch einmal der Vergleich mit dem Konto: Zahlen Sie auf dieses Konto ein. Geben Sie als Führungskraft Anerkennung und Lob, aber kritisieren Sie auch, wenn es nötig ist. Die Kritik sollte jedoch nicht schuldzuweisend, sondern wertschätzend, aber auch direkt sein. Es hilft nicht, jemanden zu kritisieren, der gar nicht versteht, worum es geht. Offen und ehrlich sagen, worum es geht, ist wichtig. Nur durch die Blume zu sprechen oder zu viele „Weichmacher" in der Kritik schaffen auch kein Vertrauen.

Eine Führungskraft, die Vertrauen aufbauen will, muss zeigen, dass sie nicht nur angenehme, sondern auch unangenehme Themen anspricht. Außerdem muss klar werden, dass bestimmte Themen nur die Betroffenen etwas angehen und dass dafür ein geschützter Gesprächsraum besteht. Damit das alles gut funktioniert, sollte das Gespräch immer auch zeitnah geschehen.

Keine Abteilung und kein Unternehmen kann Vertrauen dadurch schaffen, dass sie diese Werte in ein Leitbild oder in die Philosophie des Unternehmens aufnimmt. Es braucht lebendige Beweise und es braucht auf Dauer auch mehr als eine Person, die das vormacht. Deshalb wäre es ein guter Anfang, wenn die Führungskräfte eines Unternehmens in die Vertrauenskonten einzahlten und auf diese Weise andere dazu brächten, dies ebenfalls zu tun. Je mehr Mitarbeiter davon angesteckt werden, desto besser wird sich die Vertrauenskultur entwickeln. Ein Mitarbeiter, der enttäuscht ist, verlässt real oder fiktiv den eigenen Vorgesetzten nicht das Unternehmen.

Sicherlich wird es immer auch Rückschläge geben, aber deshalb darf das große Ganze nicht in Frage gestellt werden, sondern es gilt herauszufinden, wie der Weg weiter beschritten werden soll und was in Zukunft noch getan werden muss oder nicht mehr getan werden sollte.

Und auch hier wird deutlich, dass das Thema der „Veränderungs- und Vertrauenskultur schaffen", stark mit dem Thema Resilienz verbunden ist. Denn auch hier geht es um den Punkt mit kurzfristigen Krisen und Rückschlägen gut fertig zu werden.

Eine Vertrauenskultur baut auch auf der Eigenverantwortung und Selbstkontrolle der Mitarbeiter auf.

Es hilft nicht, dem Mitarbeiter immer wieder mit Kontrollen zu drohen und auf diese Weise ein gewünschtes Verhalten erreichen zu wollen. Die Motivation des Mitarbeiters wird dann sinken, ebenso seine Selbstkontrolle und die Eigenverantwortung.

Was bringt es einer Führungskraft, immer wieder darauf hinzuweisen: „Sie müssen freundlich am Telefon zu unseren Kunden sein" und das auch gleich noch damit zu verbinden, dass Gespräche aufgezeichnet werden können, wenn dadurch die Angst, etwas falsch zu sagen oder am Telefon falsch „herüberzukommen" größer wird. Die Gefahr, dann am Telefon gerade nicht mehr freundlich zu klingen, steigt um ein Vielfaches und das Gesamtergebnis ist somit negativ.
Zeigen Sie dem Mitarbeiter Regeln auf und setzen Sie die Ziele. Den Weg dahin, darf er selbst bestimmen solange alles innerhalb der Regeln ist, also vertrauen Sie auf die Fähigkeiten der Mitarbeiter. Geben Sie die Spielräume frei für die individuelle Entfaltung der Persönlichkeit. Es hilft nicht, Sätze für Telefonate auswendig zu lernen, dann klingen sie nämlich genau so: auswendig gelernt.

Wenn aufgrund einer Misstrauenskultur Stress und Angst herrscht, dann kommt es zu einer erhöhten Cortisolausschüttung. Dies kann zu Schädigungen führen, die Neuronen schrumpfen lassen und synaptische Verbinden schwächer werden lassen. Das heißt, die Konzentration und Merkfähigkeit lassen deutlich nach. Um Teile des Neuronennetzwerkes davon wieder zu regenerieren und zu reparieren, hilft uns der Schlaf. Wenn wir nun aber in einer Misstrauenskultur leben, schlafen wir auch schlecht oder gar nicht, und die negative Wirkung auf das Neuronennetzwerk wird noch unterstützt. Stress hört im Allgemeinen nicht an der Arbeitsplatzgrenze auf.

Ist einmal eine gewisse Vertrauenskultur aufgebaut, kann in ihr leicht mit kleinen Rückschlägen umgegangen werden.

Wie Sie im einzelnen Vertrauen aufbauen können, wird in Kap. III.1.a beschrieben.

e. Den Teamgeist stärken

Beim Teamgeist geht es nicht darum, alle gleich zu machen oder „gleichzuschalten“. Vielmehr geht es darum, die Unterschiede der einzelnen Persönlichkeiten besonders zu berücksichtigen und gewinnbringend zu nutzen, um für alle mehr zu erreichen.

Wie schon in anderen Zusammenhängen beschrieben, geht es darum, dass

- jeder seine spezielle Aufgabe hat,
- jeder zum Erfolg beitragen wird,
- jeder die Rolle und Aufgabe des anderen respektiert,
- alle ein gemeinsames Ziel haben,
- alle eine Vertrauenskultur bilden,
- alle die Regeln befolgen und
- alle als Menschen gleich wertvoll sind.

Dazu ist es sinnvoll, mit den Mitarbeitern auch über die verschiedenen Persönlichkeitstypen und Rollen und Funktionen in einem Team zu sprechen. Dadurch wird es leichter, die Stärken und Schwächen als ein Teil des Ganzen zu sehen und auch zu erkennen, dass das, was bei dem einem nicht so gut geht, dafür ein anderer besser kann. Probleme und auch schwierige Themen müssen offen angesprochen werden können.

Es geht nicht darum, alle Menschen gleich lieb zu haben, aber schon darum, alle im Team so zu respektieren, wie sie sind.

Folgende Spielregeln können dabei helfen, den Teamgeist zu fördern:

- Wir reden offen und ehrlich miteinander aber stets auf der Basis gegenseitiger Wertschätzung.
- Wir denken in Möglichkeiten und nicht in Einschränkungen.
- Wir anerkennen, was der Einzelne schafft.
- Wir geben uns wechselseitig Feedback über unser Verhalten und wie es bei uns angekommen ist.
- Wir halten uns an verbindliche Vereinbarungen und Entscheidungen.
- Wir melden Bedenken stets vor einer Entscheidung an. Tun wir das nicht, haben wir die getroffene Entscheidung zu akzeptieren und zu tolerieren.
- Wir bereiten uns so auf Meetings vor, dass Beiträge geleistet werden, von denen alle etwas haben.
- Wir geben Informationen schnell weiter – Kriterium für die Weitergabe ist nicht die Unternehmenspolitik, sondern der Nutzen für das Team.
- Wir erkennen an, dass wir unterschiedliche Persönlichkeiten sind und damit auch unterschiedliche Stärken haben.

Damit man die einzelnen Persönlichkeiten oder die Teamrollen besser verstehen kann, möchte ich vor allem folgende Modelle empfehlen:

- Teamrollen nach Belbin,
- persolog-Persönlichkeitstypen,
- LIFO,
- Riemann-Thomann-Modell.

Es gibt zahlreiche umfangreiche und komplexe Modelle und Tests zu diesem Thema. Ich halte für das Thema hier, aber die 4 oben genannten für gut und einfach, um auch ohne wissenschaftlichen Hintergrund die Basis zu schaffen. Sie als Führungskraft können sowieso nicht einfach anordnen, dass die Mitarbeiter einen solchen Test machen und das Ergebnis offenlegen. Aber ihnen erklären, was es mit dem Thema auf sich hat, das wäre schon Ihre Aufgabe.

Auf freiwilliger Basis dürfen die Mitarbeiter natürlich auch einen solchen Test machen und das Ergebnis offenlegen.

Es ist besonders wichtig, vor der Beschreibung des Themas oder der Einführung in das Thema deutlich zu machen, dass kein Typ besser oder schlechter ist als ein anderer, sondern einfach eben nur anders.

Es geht hierbei in erster Linie um das Verständnis, dass nicht alle Menschen gleich sind und nicht alle Menschen auf die gleiche Weise behandelt werden wollen.

So gibt es z. B. Menschen, die möchten stets alle Details wissen und sie anderen erzählen, und es gibt andere, denen ein grober Überblick ausreicht. Wenn diese beiden Typen nun zusammenarbeiten, kommt es häufig zu Konflikten, weil der eine dem anderen wegen der unterschiedlichen Arbeitsweise und des unterschiedlichen Umgangs mit Informationen Vorwürfe macht.

Die oben erwähnten Modelle helfen dabei, solche Zusammenhänge besser zu verstehen und somit jeden Menschen auch „artgerecht" zu behandeln.

So wird zum Bespiel auch deutlich, warum einige gerne nach Feierabend noch mit anderen zusammensitzen und andere nicht. Warum andere spontan und sprunghaft sind und damit aber auch kreativer und andere logisch und strukturiert.

Wenn jeder die individuellen Stärken des anderen kennt und sie berücksichtigt und auch die eigenen Stärken kennt und berücksichtigt, können Aufgaben im Team auch neu verteilt werden und alle hätten etwas davon. So kann es z. B. heute sein, dass ein Mitarbeiter immer wieder Aufgaben bekommt, bei denen er sehr akribisch Zahlen und Daten sammeln und zusammenstellen soll, diese Aufgaben ihm aber gar nicht so sehr liegen wie einem anderen aus dem Team, so dass eine andere Verteilung der Aufgaben für alle von Vorteil wäre.

Sicherlich ist das erst einmal nur ein Aspekt, um den Teamgeist zu stärken. Ein weiterer kann sein, immer wieder Erfolge gemeinsam zu feiern und Rituale für das Team zu haben.

Wir können hier auch Analogien zu guten Sportteams herstellen. Eine erfolgreiche Fußballmannschaft hat ebenfalls verteilte und klare Rollen, und jeder Spieler weiß, was er zu tun hat und auf wen er sich verlassen kann. Einer allein würde das Spiel nicht gewinnen können. Für den Trainer geht es darum, diese Situation den Spielern immer wieder deutlich zu machen und die individuellen Stärken aufzudecken und zu fördern. Ein Trainer setzt einen Spieler dort ein, wo er der Mannschaft am besten helfen kann.

Es geht aber auch darum, die Erfolge gemeinsam zu feiern und Misserfolge nicht überzubewerten und sich entmutigen zu lassen.

Gute Mannschaften und schlechte Mannschaften unterscheiden sich nicht unbedingt in der individuellen Klasse der Einzelspieler, sondern in der Art des Zusammenspiels aller Spieler.

Das sollte auch Ihre Sichtweise als Führungskraft sein. Fordern Sie Ihre Mitarbeiter, aber überfordern Sie sie nicht. Zeigen Sie ihnen, welch wichtige Rolle sie für das Team spielen und welchen Beitrag sie zum Ergebnis leisten.

Jede Zusammenarbeit ist schwierig, solange den Menschen das Glück ihrer Mitmenschen gleichgültig ist. (Dalai Lama: Das Lächeln des Himmels)

Es gibt auch eine Reihe von Übungen, die sich dazu eignen, die Teambildung und das Teamgefühl zu stärken, ohne dass man hierfür gleich in einen Hochseilgarten gehen müsste.

Übung 1: Werte-Übung

Jeder Mitarbeiter bekommt drei Minuten, in denen er drei wichtige menschliche Werte für sich aufschreibt. Danach wird die ganze Gruppe in 3er- oder 4er-Gruppen aufgeteilt. Die Kleingruppen tauschen sich nun über die aufgeschriebenen Werte aus und versuchen sich auf drei gemeinsame Werte für die Gruppe zu einigen. Danach gestaltet jede Gruppe für sich ein Poster mit einem Slogan, Symbolen oder Bildern, um diese Werte zu veranschaulichen. Die kleinen Gruppen stellen sich gegenseitig ihre Ergebnisse vor und tauschen sich danach in der Gesamtgruppe über die Gemeinsamkeiten und Unterschiede aus, um so über Werte und deren Stellung im Team ins Gespräch zu kommen. Am Ende könnte noch ein gemeinsam gestaltetes Plakat zu dem Thema sein.

Übung 2: Die Spielregeln

Die Spielregeln

Bei dieser Übung braucht man so viele Kartenspiele, wie Teams gebildet werden. Jedes Team bekommt einen Spieltisch, auf dem das Kartenspiel liegt, einen Zettel, um die Punkte zu notieren, und die Spielregeln werden ausgelegt. Dann bekommen alle 5 Minuten Zeit, um sich die Spielregeln durchzulesen und zu merken. Nach diesen 5 Minuten wird ihnen die Anleitung wegegenommen und es darf nicht mehr gesprochen werden.

Nun fangen die Teams an zu spielen. Nach 5 Minuten signalisiert der Organisator, dass alle Spieler, die das Spiel verloren haben, nun an einen Tisch nach links gehen müssen. Dadurch setzen sich die Teams jetzt anders zusammen. Wieder darf 5 Minuten gespielt werden, und dann findet nochmals ein Wechsel statt.

Schnell merken einige, dass hier etwas nicht stimmt. Nach mehreren Spielen darf endlich aufgelöst werden: An jedem Tisch lagen unterschiedliche Spielanleitungen aus.

Die Spieler wurden absichtlich mit unterschiedlichen Spielregeln konfrontiert, die sie nicht kannten. Ohne sich absprechen zu können, mussten die Spieler sich in unterschiedliche Teams einfügen.

Übung 3: Das kreative Flugobjekt:
Hier geht es darum, Kreativität, logisches Denken, Kooperation und andere Fähigkeiten miteinander zu verknüpfen und als Teamleistung ein Flugobjekt zu bauen, das ein rohes Ei transportieren kann. Es werden je nach Gruppengröße 2 bis 3 Kleingruppen gebildet. Jede Kleingruppe bekommt die gleiche Menge an Zeitung, Papier, Luftballons, Stäbchen, Schnüren, Klebe- und Tesafilm und jeweils ein rohes Ei.
Die Aufgabe besteht darin, einen Flugkörper zu bauen, der das rohe Ei transportieren kann, ohne dass es kaputtgeht. Zusätzliche Materialien dürfen nicht eingesetzt werden. Die Materialien, die zur Verfügung stehen, können aber frei eingesetzt oder auch weggelassen werden. Am Ende wird die Flugtauglichkeit durch einen echten Einsatz mit dem rohen Ei getestet. Dieser Test sollte natürlich im Freien stattfinden.

f. Teamgeist hilft auch beim Thema Ehrlichkeit

Ein Aspekt, der mit unserem Entscheidungssystem in Verbindung steht, ist das Thema Normen und Werte und damit besonders das Thema Ehrlichkeit. Ehrlichkeit wird im Wertesystem der meisten Menschen sehr hoch eingestuft, doch wenn es um die praktische Umsetzung dieses Wertes geht, sieht die Welt oft ganz anders aus.

Noch ist die Wissenschaft nicht in der Lage, endgültig zu begründen, warum sich Menschen in bestimmten Situationen ehrlich oder unehrlich verhalten. Viele Tests und Studien haben aber gezeigt, dass Unehrlichkeit wenig mit der Höhe des Risikos, ertappt zu werden, zu tun hat und auch nicht unbedingt mit der Höhe des erhofften Vorteils verbunden ist.

Ob sich eine Person ehrlich oder unehrlich verhält, scheint zum einen eine Frage des Charakters zu sein und zum anderen mit der betreffenden Institution und damit der Umgebung, in der sich der oder die Betreffende bewegt, zu tun zu haben. Es scheint so, als würde es davon abhängen, ob mein Gegenüber den Schaden verkraften würde oder ob ich eine Art „Schadenfreude“ verspüre.

Für die Teams einer Führungskraft kann das bedeuten, dass, je enger die Mitarbeiter miteinander zusammenarbeiten und je häufiger sie miteinander zu tun haben, die Bereitschaft, zu lügen und zu betrügen, umso geringer ist. Für die Teams kann es jetzt auch von entscheidender Bedeutung sein, wie sie zusammengesetzt sind. So wird immer wieder unterstellt, dass ältere Mitarbeiter sich schwer mit der Aneignung neuen Wissens und neuer Erkenntnisse täten. Wer aber genau hinsieht, wird feststellen, dass ältere Menschen nur anderes lernen und umlernen. Wenn eine Führungskraft das berücksichtigt, können im Team neue Netzwerke und neue Lösungswege entstehen.

IV. Veränderungskultur leben und stärken

1. Wie entsteht eine dauerhafte und erfolgreiche Veränderung beim Mitarbeiter?

Nach Prof. Dr. Jens Asendorpf (Professor der Persönlichkeitspsychologie). Er promovierte an der Yale-University und ist heute Professor an der Humboldt-Universität in Berlin.

Er sagte einmal: „Menschen suchen sich i. d. R. diejenigen Lebensumstände, die zu ihrer Persönlichkeit passen, anstatt sich in ihrer Persönlichkeit und Lebensauffassung den wechselnden Lebensumständen anzupassen."

Das erklärt auch, warum Menschen häufig so weitermachen wie bisher, obwohl eine Veränderung für sie vorteilhaft wäre. Diese Strategie wird deshalb gewählt, weil sie einem Sicherheit und Routine vermittelt. Neue Wege, neue Verfahren, neue Verhaltensweisen bringen Unsicherheit, und es besteht immer die Gefahr, dass man versagt. Resiliente Menschen interpretieren ein Versagen aber nicht als einen dauerhaften schlechten Zustand, sondern verstehen es als Aufforderung, daraus zu lernen. Deshalb ist es in Unternehmen auch wichtig, Mitarbeiter zu einer resilienteren Lebenseinstellung zu verhelfen, was nicht nur dem einzelnen Menschen, sondern der ganzen Organisation hilft.

Für viele Mitarbeiter stellt es bereits eine Veränderung dar, wenn sie in ein anderes Büro umziehen müssen, eine andere Aufgabenstellung im gleichen Team bekommen oder bei gleicher Aufgabenstellung in einem anderen Team arbeiten sollen. Dieser Umstand wird von vielen Führungskräften unterschätzt.

In den meisten Unternehmen findet sich die Veränderungsstrategie, dass Veränderungen von oben befohlen werden.

Das ist wenig erfolgversprechend, da hier jede Einbeziehung und Nachvollziehbarkeit auf Seiten des Mitarbeiters fehlt und es eher zu Trotzreaktionen oder Angstreaktionen führt und damit zu Stress. Das wiederum bedeutet keine Motivation und kein eigener Antrieb und nicht zuletzt ein Mangel an Informationsverarbeitung.

Auch ein Appell an die Einsicht führt hier nicht zu dem gewünschten Erfolg, da auch hier rational und nicht emotional gehandelt werden soll, was aber, wenn Angst oder Stress im Spiel ist, sehr schwerfällt.

Eine erfolgsversprechender Veränderungsstrategie ist eine, bei der die Persönlichkeitsmerkmale des Mitarbeiters berücksichtigt werden. Es geht hierbei darum, Fähigkeiten, Fertigkeiten und Persönlichkeitsmerkmale in die Planung der Veränderung einzubeziehen und daraus entsprechende Veränderungsschritte abzuleiten. Der Mitarbeiter wird weiterhin geachtet und verliert somit auch nicht sein Gesicht, wenn er sein Verhalten allmählich verändert. Auch ist es wichtig, frühzeitig über die Veränderungen zu reden und den Mitarbeiter in den Prozess mit einzubeziehen.

Das erfordert von der Führungskraft einige Vorleistungen. Es ist sinnvoll, wenn die Führungskraft

- den Mitarbeiter und sein Verhalten sowie seine Reaktionen in den zu verändernden Situationen genau beobachtet und einschätzen kann,
- den Mitarbeiter grob einem Persönlichkeitstyp zuordnen kann,
- die Stärken und Vorlieben des Mitarbeiters kennt,
- die bevorzugten Stressmuster des Mitarbeiters einschätzen kann,
- die persönlichen Ziele und Rahmenbedingungen des Mitarbeiters kennt und
- das persönliche Belohnungssystem des Mitarbeiters einschätzen kann.

Es ist wichtig, dass der Mitarbeiter im Rahmen des Veränderungsprozesses für sich folgende Fragen eindeutig beantworten kann und dass Sie ihn dabei unterstützen:

- Warum soll ich meiner Führungskraft vertrauen?
- Woran merke ich, dass meine Führungskraft auch hinter all den Veränderungen und Erwartungen steht?
- Woher soll ich wissen, dass meine Führungskraft es ehrlich mit mir meint?

Eine dauerhafte erfolgreiche Veränderung des Verhaltens eines Mitarbeiters gründet auf einer bewussten Einstellung der Führungskraft, die es ehrlich mit dem Mitarbeiter meint.

- Es bedarf einer gewissen Zeit, um den Mitarbeiter und seine Persönlichkeit kennenzulernen.
- Dem Mitarbeiter Zusammenhänge ausführlich und verständlich erklären und für Fragen offen sein.
- Dem Mitarbeiter helfen wollen, auch die persönlichen Vorteile dieser Veränderung zu erkennen, ohne ihn dabei zu bevormunden.
- Auch offenlegen, was ich oder das Unternehmen von der Veränderung habe bzw. hat. Es soll sich ja für beide lohnen.
- Glaubwürdig und ehrlich sein und als Vorbild fungieren.

Ein Punkt, der für die dauerhafte Veränderung eines Verhaltens wichtig ist, ist der, erst einmal festzustellen, was ist wirklich Realität.

Shauna Shapiro und Kollegen prägten 2006 den Begriff „reperceiving“, was so viel heißt wie „neu wahrnehmen”. Nach den Ergebnissen der Forscher wird eine „Neu-Wahrnehmung” durch das Thema Achtsamkeit möglich. Durch eine größere Achtsamkeit mit sich selbst wird es den Menschen möglich, besser zu reflektieren und nicht reflexartig zu handeln. Eine Reflexion ist bei Veränderungen ja auch immer wieder nötig, um nicht in alte Verhaltesmuster zurückzufallen und den alten Reflexe zu gehorchen, sondern neue Verhaltesmuster einzuüben.

Übertragen auf die Arbeitssituation kann diese Erkenntnis auch bedeuten, dass, um Verhaltensweisen dauerhaft verändern zu können, Achtsamkeit vorausgesetzt werden muss.

Bei vielen Mitarbeitern besteht eine unbewusste Koppelung zwischen bestimmten Situationen und negativen Emotionen, z. B.:

- „Bei so vielen neuen Mails kriege ich immer Stress und ein schlechtes Gewissen.“
- „Das Programm werde ich nie verstehen.“
- „Präsentationen zu halten macht mir Angst.“

Wenn Mitarbeiter nun aber lernen, diese Koppelung zu erkennen und damit zu durchbrechen, können sie auch viel leichter ihre Verhaltensmuster verändern.
Um willentlich und gezielt Veränderungen zu gestalten, brauche ich eine gesunde Selbstregulation. Die Voraussetzung dafür, mich selbst zu regulieren, ist aber, mich selbst erst einmal richtig wahrzunehmen.

Hier kommt dann wieder das Thema Achtsamkeit ins Spiel.

2. Wie kann ich Achtsamkeit durch mein Führungsverhalten unterstützen?

Da viele Menschen es perfekt beherrschen, sich selbst zu täuschen, brauchen sie einen Coach, der ihnen hilft, diese Selbsttäuschungen aufzudecken.

Diese Selbsttäuschungen können grob in drei Elemente eingeteilt werden:

1. Die Selbstberuhigung:
   Wir beruhigen uns mit Sätzen wie:

   - „Ich habe nur meine Aufgabe gemacht. Niemand kann mir einen Vorwurf daraus machen."
   - „Die Aufgabe war sowieso nichts für mich, da ist es nicht schlimm, dass ich gescheitert bin."
   - „Was soll das Ganze, es gibt im Leben wichtigere Dinge, die ich tun sollte."

2. Die Schuldzuweisung:
   Sie funktioniert häufig mit Sätzen wie:

   - „Es waren zu viele Faktoren, die nicht in meinem Einflussbereich lagen, da konnte ich nichts dafür, dass ich die Aufgabe nicht bewältigt habe."
   - „Bei diesem schlechten Team konnte es nur schiefgehen."
   - „Mit der Ausrüstung und den Arbeitsmitteln hätte das niemand erreicht."

3. Verkannte Fähigkeiten
   Diese funktioniert häufig mit Sätzen wie:

   - „Niemand hat erkannt, dass meine Idee perfekt war."
   - „Die anderen sind nicht in der Lage, meinen Ideen zu folgen."
   - „Wenn niemand erkennt, was wirklich in mir steckt, ist er selber schuld."

Mit diesen oder anderen Strategien schützen wir uns davor, uns mit Niederlagen, daraus erlittenen Verwundungen oder Ähnlichem zu konfrontieren. Leider helfen uns diese Strategien nicht dabei, uns weiterzuentwickeln, weil sie nur perfekte Ausreden für unser Scheitern sind. Besser wäre es, genau das zu erkennen und Strategien zu entwickeln, aus den Fehlern und dem Scheitern zu lernen und damit neue Lösungswege zu erkennen oder einfach nur zu erkennen, dass mir bei der Bearbeitung gewisser Themen oder Probleme Grenzen gesetzt sind, die ich akzeptieren muss.

Genau hier kann eine Führungskraft nun helfen. Sie kann wie ein Coach den Mitarbeiter unterstützen und ihm helfen, neue Wege zu gehen oder aber eigene Grenzen zu akzeptieren.

Wie geht das?

Stellen Sie Ihren Mitarbeiter gerne solche oder ähnliche Fragen?

- „Wie häufig nehmen Sie ganz bestimmte Vorgänge/Gespräche gar nicht richtig wahr?"
- „Wie häufig reagieren Sie eher gedankenlos und automatisch auf bestimmte Situationen?"
- „Wie häufig lassen Sie sich aus der Ruhe bringen?"
- „Wie häufig haben Sie das ungute Gefühl, einer Aufgabe/einem Thema nicht ganz gewachsen zu sein?"
- "Stellen Sie sich so dar, wie Sie sind, oder versuchen Sie so zu sein, wie Sie sein wollen?"
- „Machen Sie sich manchmal selber etwas vor und suchen Sie nach Ausreden, um sich selbst zu beruhigen?"

Sie können Ihren Mitarbeitern zeigen, dass das Thema Achtsamkeit viele positive Aspekte hat. Es ist u. a. nachgewiesen, dass unsere Konzentration zunimmt, unsere Ablenkungsneigung abnimmt und wir insgesamt stressresistenter werden, wenn wir achtsamer sind.

Unterstützen können Sie Ihre Mitarbeiter, indem Sie ihnen Folgendes beibringen:

- Erst beobachten und nicht gleich reagieren. Bremsen Sie Ihren Mitarbeiter darin, spontan zu reagieren, denn spontane Reaktionen sind in aller Regel automatisiert, also unreflektiert.
- Helfen Sie dem Mitarbeiter zu lernen, zu beobachten und nicht gleich zu bewerten. Unterstützen Sie Ihren Mitarbeiter darin, Dinge erst einmal zur Kenntnis zu nehmen, ohne sie immer gleich in Kategorien wie „Das ist gut“ oder „Das ist schlecht“ einzuteilen.
- Drosseln Sie das Tempo, damit sie sich für bestimmte Aufgaben mehr Zeit nehmen. Unterstützen Sie den Mitarbeiter darin, Pausen einzulegen und nicht alles auf einmal machen zu wollen.

Diese ersten Ansätze können Mitarbeiter bereits achtsamer und damit auch empfänglicher für Verhaltensänderungen werden lassen.

Das Ziel der Achtsamkeitsübungen liegt gerade darin, nicht die Dinge und Situationen selbst, sondern die Wahrnehmung der Dinge und Situationen zu verändern.

Aus der Veränderung der Wahrnehmung ergeben sich dann Möglichkeiten, das eigene Denken und Handeln zu verändern und somit schließlich direkten Einfluss auf sich und die Umwelt nehmen zu können.

Zusätzlich können Sie Ihren Mitarbeitern Übungen wie den Body-Scan, verschiedene Formen der Meditation oder Ähnliches vorschlagen.

V. Fazit

1. Was habe ich von resilienter Führung?

Wie in den vorangegangen Kapitel ausgeführt wurde, liegt der Nutzen resilienter Führung darin, Mitarbeiter zufriedener, leistungsfähiger und insgesamt widerstandsfähiger zu machen. Zufriedenere Mitarbeiter handeln eigenverantwortlicher.

Sie profitieren davon, indem Sie dadurch

- weniger gestresste Mitarbeiter haben und diese außerdem noch beraten und unterstützen können,
- den Krankenstand der Abteilung verringern können.
- die Zufriedenheit Ihrer Mitarbeiter und damit auch deren Motivation erhöhen können und
- das betriebliche Gesundheitsmanagement unterstützen können.

Sie bekommen Mitarbeiter, die innerlich ausgeglichen sind und die mit den gegebenen Verhältnissen und Situationen einverstanden sind und sich für den Erhalt dieser Verhältnisse einsetzen.

2. Was hat mein Unternehmen von resilienter Führung?

Es gibt zahlreiche Untersuchungen, die belegen, dass Unternehmen große Geldbeträge verlieren, durch

- die Krankheitstagen der Mitarbeiter,
- eine hohe Fluktuation der Mitarbeiter und
- die innere Kündigung der Mitarbeiter.

Damit Ihr Unternehmen hier richtig Zeit und Kosten sparen kann, sollten Sie in das Thema Resilienz und Gesundheitsmanagement sowie in das Thema Führungskultur investieren.
Dieses Investment zahlt sich schnell aus!

Dazu können Sie sich gerne immer wieder aktuelle Zahlen des Gallup-Institutes anschauen oder auch auf Zahlen der Krankenkassen zurückgreifen. Darin werden Ihnen die Zahlen angezeigt, die Sie sparen könnten, wenn die Mitarbeiter anders geführt werden.

Unternehmen, die viele resiliente Mitarbeiter haben, haben auch eine sehr stabile und „glücklich machende“ Kultur, wodurch es viel leichter wird, neue Mitarbeiter zu finden.

Zufriedene und glückliche Mitarbeiter machen Werbung für das Unternehmen. Sie erzählen im Freundes- und Bekanntenkreis davon, in welch positivem Unternehmen sie arbeiten und können so auch eine Kundenwerbung und Kundenbindung erzeugen. Derartige positive Meldungen kommen auch bei Kunden an, so dass Ihre Mitarbeiter kostenlos Werbung für das Unternehmen machen.

Außerdem werden sich resiliente Mitarbeiter auch in schwierigen Situationen leichter zu helfen wissen und damit Krisen oder andere schwierige Situationen besser meistern.

Die meisten Mitarbeiter, die von ihrem Unternehmen gut behandelt werden, geben das auch gerne zurück, behandeln ihr Unternehmen gut und sind somit auch in einer schwierigen Marktlage kompromissbereiter als Menschen, die nicht in einer solchen Unternehmenskultur arbeiten.

In vielen Umfragen äußern b Mitarbeiter, dass sie grundsätzlich eine durchweg positive Einstellung zu ihrer Arbeit und den allgemeinen Rahmenbedingen ihre Arbeit haben. Daraus folgt, dass ein hohes Maß an Unzufriedenheit der Mitarbeiter in den meisten Unternehmen von den Unternehmen eher selbst verschuldet ist, was diese zudem Geld kostet. Nutzen Sie die Chance, es anders zu machen.

3. Was haben meine Mitarbeiter von resilienter Führung?

Mitarbeiter, die „resilient geführt“ werden, sind gesünder, weniger gestresst und somit auch weniger burnout oder boreout-gefährdet.

Mitarbeiter bekommen durch diese Art der Führung einen respektvollen Umgang. Außerdem wird das gesamte Betriebsklima verbessert, und es entsteht eine faire und offene Unternehmenskultur, in der gut geleistete Arbeit anerkannt wird, was wiederum für die Motivation der Mitarbeiter förderlich und somit für das Unternehmen gut ist.

Die Mitarbeiter können sich selbst treu bleiben und werden nicht durch andere „verbogen“.

Als Mitarbeiter kann man bei einer solchen Führung auch eine gute Work-Life-Balance leben, und es herrscht dann in der Regel ein gutes bis sehr gutes Betriebsklima.

VI. Literatur- und Quellennachweis

Autor	Dokument	Verlag	Jahr
Antonio R. Damasio	Ich fühle, also bin ich. Die Entschlüsselung des Bewusstseins	Heft 1	2001
Bauer, Joachim	Prinzip Menschlichkeit	Heyne	2008
Begley, Sharon	Neue Gedanken – Neues Gehirn	Goldmann	2010
Bishop, S. R. et al	Mindfulness: A proposed operational definition. Clinical Psychology	Science and Practice	2004
Carter, Rita	Das Gehirn	Dorling Kindersley	2010
Cooper, R.	Sie können mehr als Sie denken	Redline	2003
Covey, Stephen M. R.	Schnelligkeit durch Vertrauen	Gabal	2009
Damasio, A.	Fühlen, Denken und das menschliche Gehirn	List	2004
Damasio, Antonio	Selbst ist der Mensch	Siedler	2011
Dörner, D.	Die Logik des Misslingens	Rowohlt Verlag	2003
Dresler, Martin	Kognitive Leistungen	Spektrum	2011
Elger, Christian E.	Neuroleadership	Haufe Verlag	2009
Esch, T.	The neurobiology of meditation and mindfulness Schmidt S., Walach H. (eds.): Meditation – Neuroscientific approaches and philosophical implications	Springer	2014
Gallup Organisation	Engagement Index Deutschland 2014		2015
Goschke, T.	Volition und kognitive Kontrolle	Spektrum	2005
Grossman P. et al	Mindfulness-based stress reduction and health benefits	Journal of Psychosomatic Research	2004

Herschkowitz, N.	Das Gehirn	Herder Spektrum	2007
Hüther, Gerald	Bedienungsanleitung für ein menschliches Gehirn.	Vandenhoeck & Ruprecht	2001
Hüther, Gerald	Was wir sind und was wir sein könnten	Fischer S. Verlag	2011
Hüther, Gerald	Die Macht der inneren Bilder	Vandenhoeck & Ruprecht	2010
Kabat-Zinn, J.	Mindfulness-based interventions in context: Past, present, and future	Clinical Psychology: Science and Practice	2003
Körner, Nikolaus	Führen beginnt im Kopf	Wiley-VCH Verlag	2011
Kornhuber, xxx	Wille und Gehirn	Edition Sirius	2009
Kuhl, J.	Motivation und Persönlichkeit	Hogrefe	2001
Kuhl, Julius	Lehrbuch der Persönlichkeitspsychologie	Hogrefe Verlag	2010
Manfred Spitzer	Lernen. Gehirnforschung und die Schule des Lebens	Spektrum-Akademischer Verlag,	2002
Markowitsch, /Welzer	Das autobiografische Gedächtnis: Hirnorganische Grundlagen und biosoziale Entwicklung	Klett-Cotta Verlag.	2005
Martens, J. U.	Die Kunst der Selbstmotivierung	Kohlhammer	2005
Medina, John	Gehirn und Erfolg	Spektrum	2009
Monika Gruhl	Resilienz: Die Strategie der Stehauf-Menschen. Krisen meistern mit innerer Widerstandskraft	Kreuz Verlag	2014
Neubauer, Jürgen	Neustart im Kopf	Campus	2008
Pauen, M. u. Roth, G.	Freiheit, Schuld und Verantwortung	Suhrkamp	2008
persolog		persolog	2013–2015
Pöppel, Ernst	Zum Entscheiden geboren	Hanser Verlag	2008

Precht	Wer bin ich – und wenn ja, wie viele? Eine philosophische Reise	Goldmann	2007
Puca, R. M.	Motivation	Spektrum Verlag	2007
Rössler, Julitta	Machen Sie das Beste aus Ihrem Kopf	Kreuz-Verlag	2011
Roth, Gerhard	Evolution of the brain and intelligence	Cognitive Sciences	2005
Roth, Gerhard	Persönlichkeit, Entscheidung und Verhalten. Warum es so schwierig ist, sich und andere zu ändern	Klett-Cotta	2007
Roth, Gerhard	Das Gehirn und seine Wirklichkeit	Suhrkamp	1997
Roth, Gerhard	Persönlichkeit, Entscheidung und Verhalten	Klett-Cotta	2009
Rüegg, Johann Caspar	Gehirn, Psyche und Körper	Schattauer	2010
Schirmer, Dehlia	So lernt das Gehirn	Blaue Eule	2009
Seidel, Wolfgang	Emotionale Kompetenz: Gehirnforschung und Lebenskunst	Spektrum	2011
Seidel, Wolfgang	Emotionale Kompetenz	Spektrum	2004
Siefer, Werner	Wir – und was uns zu Menschen macht	Campus	2010
Singer, W.	Vom Gehirn zum Bewusstsein	Suhrkamp	2006
Wellensiek, Kere	Buch Resilienz – Kompetenz der Zukunft	Beltz Verlag	2014
Wellensiek, Kere	Handbuch Resilienz-Training. Widerstandskraft und Flexibilität für Unternehmen und Mitarbeiter	Beltz Verlag	2011
Zeyringer, Jörg	Balance als Führungsstrategie	Haufe	2010

MIX
Papier aus verantwortungsvollen Quellen
Paper from responsible sources
FSC® C105338

Printed by Books on Demand GmbH, Norderstedt / Germany